LA RELIGION PRIMITIVE

DES

INDO-EUROPÉENS

PAR

EUGÈNE FLOTARD

PARIS
JOEL CHERBULIEZ, LIBRAIRE
RUE DE LA MONNAIE, 10
A GENÈVE, MÊME MAISON

1864

LA RELIGION PRIMITIVE

DES

INDO-EUROPÉENS

SAINT-DENIS  TYPOGRAPHIE DE A. MOULIN

LA RELIGION PRIMITIVE

DES

INDO-EUROPÉENS

PAR

EUGÈNE FLOTARD

Docteur en Droit, ancien Magistrat

PARIS
JOEL CHERBULIEZ, LIBRAIRE
RUE DE LA MONNAIE, 10
A GENÈVE, MÊME MAISON

1864

PRÉFACE.

Le travail que nous soumettons aujourd'hui au public, bien que formant un tout parfaitement homogène, peut cependant, à certains égards, être considéré comme renfermant deux ordres divers de spéculations, comme composé de la réunion de deux œuvres bien distinctes.

La première est une œuvre de patience et d'érudition; elle est formée d'une suite de recherches, de rapprochements, de comparaisons, ayant pour but de faire connaître la religion primitive des ancêtres de la race brahmanique et des ancêtres de la race iranienne; ainsi que d'établir que les deux branches principales de la race indo-européenne eurent avant leur séparation une religion commune.

La seconde, mêlée le plus souvent dans le cours de cet écrit à la partie de recherches et d'érudition, sur laquelle elle s'appuie, est une œuvre philosophique et spéculative, une théorie sur l'origine, la forme primitive, la signification des mythes religieux, des symboles tels qu'ils nous apparaissent à une époque antique, bien antérieure aux premiers bégaiements de l'histoire, et relativement voisine, sinon des origines de l'humanité, du moins de la formation des sociétés et des civilisations les plus anciennes auxquelles il nous soit possible de nous reporter en remontant le cours des âges.

De ces deux ordres de travaux, le premier, celui qui forme en quelque sorte la partie historique de ce livre, a été soumis sous forme d'un mémoire (inscrit sous le n° 3) à l'Académie des inscriptions et belles-lettres, lors du concours de 1862. L'appréciation qui en fut donnée alors dans le discours d'ouverture trouve ici naturellement sa place : « Cinq mémoires, disait M. le vicomte
» de Rougé, avaient été présentés à ce concours, mais
» deux d'entre eux ne contenaient pas des travaux suf-
» fisamment sérieux. Le n° 3 se marquait au contraire
» comme l'œuvre d'un homme *exercé aux considéra-*
» *tions historiques et initié à la connaissance des mytholo-*
» *gies antiques ;* mais la base nécessaire lui avait man-
» qué ; il en est réduit à croire les traducteurs sur
» parole, en sorte que ses comparaisons n'étant pas
» prises sur le vif, manquent de précision et de cer-
» titude. »

L'auteur ne peut que s'incliner devant la sévérité élogieuse de cet arrêt ; qu'on lui permette cependant d'observer que si l'Académie a eu bien raison d'exiger de ses lauréats la connaissance du sanscrit et du zend, son rapporteur a été peut-être un peu loin en reprochant le manque de précision et de certitude à des recherches consciencieuses basées sur les travaux de Burnouf, des Barthélemy Saint-Hilaire, des Langlois, des Nève, des Max Müller, des Martin Haug, etc., etc. L'érudition personnelle de l'auteur, quelle qu'elle fût, ne pouvait apporter qu'une goutte d'eau bien imperceptible à des sources si abondantes et si fécondes.

Quant à la partie philosophique de ce livre, celle qui n'a d'autre juge que le public, elle tend à établir d'une manière claire, logique et positive, nous l'espérons du moins, un point, le plus capital de tous en matière d'histoire religieuse, à savoir que, contrairement à l'opinion de Creuzer et de la plupart de ceux qui, après lui, ont écrit sur ce grave sujet(1), les religions de l'antiquité n'ont pas été simplement un culte de la nature matérielle exclusif de tout spiritualisme, mais qu'au contraire elles ont, dès leur origine, fait une large place à l'élément intellectuel et moral.

(1) « Tous les peuples anciens adoraient dans leurs dieux..... les puissances de la nature, avec cette seule différence que les nations orientales, les Hindous, par exemple, révéraient dans leur Brahma, leur Siva, leur Vichnou, la nature de leur pays en général, comme les Égyptiens dans leur Isis et leur Osiris, tandis que les Grecs et les peuples italiques, quand leurs cultes se furent développés, divinisèrent plutôt, et avec un plus grand détail, les accidents et les phénomènes particuliers du sol et du climat qui leur étaient propres, en d'autres termes, localisèrent davantage leurs religions » *Creuzer*. t. IX, p 362

Depuis la première jusqu'à la dernière page de cet écrit, nous protestons contre des doctrines avilissantes, nous proclamons, à la gloire de l'esprit humain, que dès son origine la pensée religieuse s'est élancée au-dessus des choses purement matérielles, dans les régions de la sainteté et de l'idéal. A côté du symbolisme physique, l'histoire des religions doit donc admettre, selon nous, un symbolisme métaphysique et moral, trop souvent méconnu jusqu'ici dans un ordre de spéculation si relevé, dans un sujet si digne d'attirer l'attention d'une génération avide de connaître la vérité et de résoudre toutes les grandes questions dont la solution intéresse la dignité humaine, le passé et l'avenir de notre race.

PREMIÈRE PARTIE

NOTIONS GÉNÉRALES

LA RELIGION PRIMITIVE

DES

INDO-EUROPÉENS

CHAPITRE I.

LES ARYAS. — LES ARYAS-HINDOUS OU INDIENS, LES ARYAS-PERSES OU IRANIENS.

Les découvertes récentes de la philologie comparée ont établi d'une manière incontestable que les peuples de race japétique ou indo-européenne, tels que les Indiens, les Perses, les Grecs, les Romains, les Celtes, les Slaves, etc., tiraient leur commune origine d'une petite tribu asiatique qui, établie d'abord dans le nord de la Bactriane, s'avança, en se multipliant, dans la contrée du Paropamisus sur les deux versants du Taurus et séjourna longtemps dans le pays qui d'elle reçut le nom d'Arie.

Les Aryas ou Ariens, c'est-à-dire les hommes nobles et forts par excellence, tel est en effet le plus ancien nom que paraissent s'être donnés à eux-mêmes nos ancêtres, d'après une racine qui fournit encore à plus d'une langue moderne les termes qui désignent l'élévation, l'excellence, la supériorité (1).

C'est au pied et sur le penchant des montagnes les plus élevées du globe, sur les rives fertiles de l'Oxus et de l'Aria, dans les riantes vallées qui portent aujourd'hui les noms de Caboul et de Cachemyre, que cette noble race jeta les premiers germes d'une civilisation destinée à couvrir un jour le globe entier.

Ces contrées qui forment comme le point de séparation entre l'immensité de l'Asie orientale et les dimensions plus restreintes et, pour ainsi dire, plus humaines de l'Asie occidentale, offrirent dès l'origine aux regards de nos ancêtres le spectacle de la nature sous sa forme la plus grandiose, la plus saisissante et la plus féconde en contrastes.

En effet, dans ces régions voisines de l'Himalaya, tandis que des neiges éternelles blanchissent les sommets, un printemps perpétuel sourit dans les vallées; les défilés, que sillonnent des torrents dévastateurs entre des rochers arides ou parmi des forêts impénétrables, s'ouvrent sur des plaines fécondes en fruits et en pâturages; de grands fleuves aux eaux limpides et profondes portent ici la végétation et l'abondance, invitent à la vie sédentaire et aux travaux agricoles, tandis que, quelques lieues plus loin commence la morne aridité des steppes et du désert, accessible seulement aux hordes vagabondes de cavaliers chasseurs et pillards ou aux tribus patriarcales des pasteurs nomades.

L'aspect si varié, si fécond en oppositions, si propre à frapper les sens et à développer l'imagination de la patrie primitive des Indo-Européens est bien de nature à nous révéler la diversité des instincts, la multiplicité des aptitudes de cette race qui semble destinée par la Providence à concevoir la vie humaine sous les aspects les plus variés, à réaliser les formes de société les plus diverses, à laisser s'épanouir dans son sein, comme une flore d'une inépuisable richesse, toutes les combi-

---

(1) αριστος, grec· *Ehre*, allemand. — Aristocratie

naisons imaginables de l'activité humaine, de la religion, de l'art, de la politique, de la science, en un mot de la civilisation.

Dès les temps les plus anciens, deux formes diverses et générales de société, déterminées par la nature même des pays qu'elles habitent, apparaissent parmi les tribus ariennes. Les unes s'adonnent de préférence à l'art pastoral, les autres se livrent avec une prédilection marquée aux travaux de l'agriculture.

Ces deux modes divers de genre de vie, dont l'opposition nous est représentée dans la race sémitique par la rivalité fratricide de l'agriculteur Caïn et du pasteur Abel, engendre chez les Aryas une lutte sanglante, prolongée pendant des siècles et terminée seulement par l'expulsion des pasteurs.

Ceux-ci, contraints d'abandonner leur antique patrie quinze siècles environ avant Jésus-Christ, errent longtemps avec leurs troupeaux dans les contrées situées entre le Caboul et l'Indus à l'ouest de ce fleuve, qu'ils franchissent enfin pour s'établir dans l'Inde et y fonder une civilisation encore subsistante de nos jours.

Il faut que l'incompatibilité originaire entre la vie agricole et la vie pastorale soit bien radicale, bien profonde, bien absolue, pour que la tradition de tous les peuples assigne unanimement à l'antagonisme entre ces deux formes sociales l'origine des plus anciennes migrations, des premiers combats, des premiers forfaits.

L'existence du pasteur, en effet, c'est la vie nomade, errante, vagabonde; celle du laboureur est la vie stable, normale, régulière; le pasteur est à peu près oisif, le laboureur est incessamment courbé sur le sol qu'il féconde; pour le pasteur en quête à chaque saison de nouveaux pâturages, point de demeure fixe, de patrie déterminée; l'agriculteur, au contraire, s'attache à la terre, se construit un abri solide et définitif; l'amour du foyer, le saint nom de la patrie prennent pour lui un sens et enfantent dans son cœur de profonds sentiments religieux et moraux; la famille, la tribu existent chez les pasteurs nomades, mais la nation, la cité, le peuple proprement dit ne peuvent se constituer au milieu des vicissitudes perpétuelles de la vie errante ; ces liens sociaux, ces institutions nécessitent la stabilité, le calme, la sécurité que donne la vie sédentaire; aussi les anciens législateurs, tels que Moïse et Zoroastre, font-ils de l'agriculture la base même de leurs prescriptions, l'un des plus sacrés de leurs préceptes.

La religion de ces deux formes de sociétés primitives ne diffère pas moins que leur genre de vie, leurs mœurs, leurs institutions, et c'est avec raison que Creuzer signale partout à la première source de l'histoire deux ordres de culte profondément distincts l'un de l'autre : la religion variable, changeante, grossière des tribus pastorales, et le culte plus poli, plus régulier, plus fixe des nations agricoles.

L'étude des plus antiques productions intellectuelles de la race indo-européenne, la comparaison attentive des chants des Védas avec ceux de l'Avesta confirment pleinement la justesse de ces observations en ce qui concerne les rapports des Aryas-Hindous pasteurs, avec leurs frères les agriculteurs Aryas-Perses ou Iraniens.

Les Aryas-Hindous, par lesquels ont été composés les chants religieux contenus dans les Védas, connaissaient sans doute un petit nombre de cultures, mais leur principale occupation était le soin des troupeaux, et la vie errante qu'ils menaient leur rendaient tous les travaux agricoles sérieux à peu près impraticables : « Que nos vaches soient fécondes et robustes, qu'elles fassent notre joie et nous donnent une nourriture abondante.» Tel est le thème le plus habituel de leurs prières, de leurs invocations (1). Pour eux, toute richesse, toute abondance, toute prospérité est synonyme de troupeaux, de bétail, et porte le nom de *vache*.

Les nuages qui répandent partout avec la pluie une humidité fécondante, aussi bien que les rayons bienfaisants du soleil, sont des *vaches célestes, aériennes, lumineuses*; le sacri-

---

(1) Rig-Véda, I. p. 51. — Voir Max. Müller, *Mythol. comparée.* — Bunsen *Outlines of Philosophical history.* — Th Mommsen, *Römische Geschichte.*

fice est une *vache*; la nature tout entière, appelée *aditi*, est personnifiée par cette poésie enfantine et naïve sous la forme d'une vache féconde et immortelle (1).

Pour ces tribus de pasteurs, le labourage était, comme chez les anciens Germains, comme chez la plupart des peuples nomades, une occupation peu relevée et indigne d'un homme. La loi de Manou, que tous les commentateurs s'accordent à regarder comme d'accord en tous points avec les textes védiques, interdit formellement l'agriculture aux castes supérieures : « Certains gens, dit ce code sacré, approuvent l'agriculture, mais ce moyen d'existence est blâmé des hommes de bien. » « Un Brahmane ou un Kchattrya, contraint de vivre des mêmes ressources qu'un Vaisya, doit avec soin éviter le labourage (2). »

Parmi les tribus sédentaires des Aryas-Perses, l'agriculture est au contraire proclamée la seule occupation convenable pour l'homme de bien, l'œuvre agréable par excellence à la divinité.

« Celui qui sème les grains et le fait avec pureté, dit Ahoura-Mazda à Zoroastre, remplit toute l'étendue de la loi des Mazdèiznans. L'homme qui accomplit ainsi la loi est aussi grand devant Dieu que s'il avait donné l'être à cent, à mille productions ou célébré dix mille sacrifices (3). »

La législation de Zoroastre concentre tout son intérêt sur l'agriculture, elle semble avoir pour but principal de créer ou du moins de propager la culture des champs et avec elle le bien-être, la prospérité, la vie sédentaire et les bonnes mœurs.

Ahoura-Mazda, le Dieu suprême, est l'inventeur de l'agriculture, il a lui-même entouré de haies les champs cultivés et en a attribué la possession aux vrais croyants (4), il protége

---

(1) Rig-Véda, t. I, p 104.
(2) Manou, x, 83, 84.
(3) Zend-Avesta.
(4) *Die Gâthâs des Zarathustra*, xlvi, 12 — xxxi, 11 et 21.

les héritages, il est le gardien de la propriété ; l'homme de bien, ami de la vérité, doit respecter religieusement l'existence, les serviteurs, le bétail de l'agriculteur (1). L'homme menteur et non croyant est indigne de posséder les biens terrestres, de même que les biens célestes ; aucun autre que l'agriculteur, quelque dieu qu'il adore, ne doit avoir en partage la propriété, la bonne nouvelle, la parole divine ; aucun autre que l'agriculteur n'ira après sa mort dans la demeure d'Ahoura-Mazda, c'est-à-dire dans le Paradis (2).

On retrouve dans les Gâthâs de nombreuses traces de l'antagonisme qui séparait les Aryas pasteurs, hostiles aux travaux agricoles, des Aryas agriculteurs, sectateurs de Zoroastre. Ceux-ci sont appelés les véridiques, les croyants, avec eux habite et combat le bon génie de la lumière ; avec leurs adversaires, au contraire, qualifiés de menteurs, d'incrédules, marche le noir esprit des ténèbres. « Comment, s'écrie le prophète de l'Iran, comment devons-nous chasser les menteurs de ce lieu et les repousser vers ceux qui, remplis de désobéissance, ne s'honorent pas d'observer la vérité et ne se préoccupent pas de faire triompher le Bon-Esprit (3) ? » « Le mensonge et la vérité, la foi et l'incrédulité ne peuvent subsister ensemble (4) ! » « Il faut que les menteurs soient expulsés de la société des véridiques, que ceux qui ne croient pas à la révélation soient repoussés par ceux qui croient à la mission du prophète envoyé par Ahoura-Mazda (5). »

Une grande lutte est donc inévitable et le prophète implore Ahoura pour obtenir de lui les maximes efficaces, les paroles agissantes, grâce auxquelles seront anéantis les infidèles et triompheront les croyants.

Quels étaient les principaux griefs de Zoroastre contre les

---

(1) *Id.*, xxxi, 15.
(2) Gathas, xxxi, 10. — xlix, 9.
(3) Gathas, xliv, 13.
(4) *Id.*, xxx, 2, 3, 5.
(5) *Id.*, xxix, 5 ; et le Commentaire de M. Haug, xliv, 12, 13, 14.

Aryas pasteurs et adorateurs des Dévas? Nous les trouvons résumés dans ces paroles qui s'adressent principalement aux prêtres ou anciens des tribus pastorales, aux auteurs des hymnes védiques : « Ce sont, s'écrie Zoroastre, des prophètes
» de mensonge, qui séduisent les hommes et les excitent non-
» seulement à ne pas s'adonner à la culture des champs, mais
» encore à ravager les terres cultivées et à nuire aux amis de la
» vérité. Pour assurer leur empire sur les hommes dénués de
» sens qui leur obéissent, ils appellent à leur aide les sortiléges,
» les arts trompeurs et les illusions que procure la liqueur eni-
» vrante (le Soma) dont ils vantent la sainte vertu (1). » Le caractère multiple, à la fois professionnel, social, moral et religieux, de l'antagonisme qui divisait les tribus ariennes se trouve nettement indiqué dans ces imprécations. Ailleurs les pasteurs sont appelés *mangeurs de chair*, soit parce que certains d'entre eux avaient conservé l'usage grossier de manger la chair crue, soit parce qu'ils offraient à leurs divinités des sacrifices de victimes humaines, cérémonie cruelle qui se pratiquait en effet à une certaine époque chez les Aryas (2). Quoi qu'il en soit, cette expression de *mangeur de chair* (kravya-ad, ama-ad) que l'on retrouve également dans les Védas appliquée à des peuplades à demi-sauvages ou à des divinités sanguinaires, exprimait pour les Ariens le dernier degré de barbarie et de cruauté, peut-être l'anthropophagie elle-même, et excitait autant d'horreur chez ces peuples que les épithètes de κρεωφαγοι et de ομωφαγοι, chez les Grecs du temps de Périclès.

(1) Yaçna, 1, 31, 32, 33. — V. Michel-Nicolas, *Du Parsisme*.
(2) A. Maury, *Essai sur la religion des Aryas*.

CHAPITRE II.

CARACTÈRES GÉNÉRAUX ET DISTINCTIFS DE LA RELIGION DES DEUX BRANCHES PRINCIPALES DE LA FAMILLE ARIENNE.

Indiquons maintenant d'une manière sommaire les principaux points de vue religieux qui divisaient entre elles les deux classes de tribus ariennes.

Les hymnes des Védas, comme ceux de l'Avesta, ont été composés par des patriarches ou prophètes, qui passaient pour inspirés et qui étaient les seuls représentants de l'autorité religieuse à cette époque reculée où n'existait aucun sacerdoce régulièrement constitué.

Dans les Védas, ces chantres sacrés portaient le nom général de Richis ; un grand nombre d'entre eux ont été divinisés et se confondent avec le Dieu même objet de leurs hommages. La diversité souvent contradictoire des notions religieuses éparses dans leurs hymnes, le grand nombre de Dévas auxquels ils attribuent tour à tour le rang suprême en confondant les attributs, les caractères, les fonctions de ces diverses divinités, les traces nombreuses d'antagonisme que l'on peut signaler soit entre les prophètes, soit entre les dieux eux-mêmes, sans cesse en lutte comme les divinités homériques, tous ces faits tendent à prouver que chaque Richis créait spontanément son dieu et son système religieux, sans autre règle que les caprices de son imagination et de son inspiration du moment.

Chaque tribu pastorale de l'Arie dut ainsi avoir à l'origine, avec ses chantres spéciaux, ses divinités particulières et son culte propre. Le vague, l'indéfini, le variable dans les formes, les rites, les croyances, tels sont les caractères les plus saillants et les plus généraux de la religion toute d'imagination et de spontanéité de cette branche de la famille arienne.

Des caractères tout autres se font remarquer dans la religion de la branche iranienne. Les hymnes de l'Avesta, bien que composés probablement par des auteurs divers, présentent entre eux un caractère si frappant de similitude et d'unité, qu'ils ont pu sans trop d'invraisemblance être rapportés à un seul prophète, à Zoroastre, grande personnalité autour de laquelle gravite toute l'évolution religieuse des agriculteurs Aryas-Perses.

La notion d'un Dieu suprême et créateur est nettement personnifiée dans Ahoura-Mazda (le Vivant Sage). La hiérarchie des divinités secondaires est arrêtée dès l'origine dans ses traits les plus généraux, ainsi que le rôle, les fonctions de chaque génie particulier; le développement moral est bien plus fermement accusé que dans les Védas.

Mais un trait bien plus saillant et plus caractéristique que ceux que nous venons de signaler, distingue la religion des Perses de celles des Indiens et permet de saisir au premier aspect la diversité radicale du génie des deux cultes et la cause fondamentale de leur opposition.

Dans les Védas, le nom général de la divinité est emprunté à une image tirée du monde physique; les *Dévas* (du radical *Div*, briller), ce sont les êtres brillants, resplendissants.

Les principaux Dévas ne sont eux-mêmes que des objets, des forces, des phénomènes du ciel ou de la terre divinisés : *Indra*, c'est le firmament, *Agni*, le feu, *Mithra*, le soleil, *Aditi*, la nature. La religion védique tout entière est une déification du monde matériel, et le panthéisme, le sabéisme, l'idolâtrie sous toutes ses formes, sont contenus en germe dans ce mode grossier de symbolisme, de réalisation de l'idée divine. Sans doute les déifications morales ne sont point inconnues aux Védas : la la *parole*, la *prière*, l'*élan religieux*, diverses manifestations de la pensée, divers phénomènes du monde moral deviennent pour l'Arya l'objet d'un culte ; mais reléguées au second rang, ces conceptions spiritualistes sont bien au-dessous des grandes divinités naturelles du Védisme.

Dans les invocations des Aryas-Perses, la notion religieuse se manifeste sous une forme opposée. Toutes les divinités principales appartiennent à l'ordre moral, celles empruntées aux objets ou aux phénomènes physiques ne jouent qu'un rôle fort secondaire et souvent même sont transformées et spiritualisées par le génie spécial des prophètes iraniens. Le Dieu suprême, c'est le *Vivant Savant*, ou le *Vivant Sage* (Ahoura-Mazda) ; ses aides, dans l'œuvre de la création et de la conservation du monde, ce sont les *Immortels excellents* (Amschaspands). Tous les noms de divinités personnifient une vertu, rappellent une idée morale, un sentiment élevé : *Asha*, c'est la pureté, *Vohumano*, le Bon Esprit ou le saint esprit, *Ameretat*, l'immortalité, *Craosha*, la parole, le verbe du Dieu suprême. La terre elle-même, cette antique divinité des tribus agricoles de l'Arie, n'est plus adorée en tant qu'objet terrestre, son âme seule reçoit un culte sous le nom de *Goschoroun*, ou bien encore cette *bonne déesse*, comme l'appelèrent plus tard les Latins, devient par une conception toute morale la personnification de la piété, du dévouement et reçoit alors le nom d'*Armaïti*.

La plupart des divinités de l'ordre naturel communes aux deux cultes, telles que *Mithra*, le soleil, et *Soma* ou *Hôma*, la liqueur du sacrifice, n'appartiennent pas au zoroastrisme primitif et ont sans doute été, à une époque postérieure, empruntées par les Perses au culte védique. Ce fait est incontestable en ce qui concerne le *Soma*, dont les propriétés enivrantes, sans cesse célébrées par les poètes védiques, sont pour ceux des

Gâthâs un objet de répulsion et d'horreur. Les seules divinités primitives du zoroastrisme se trouvent énumérées au début des Gâthâs dans un hymne qu'entonnent les génies supérieurs du ciel : « J'élève avec adoration mes mains vers le ciel et j'adore d'abord toutes les œuvres véridiques du *Sage Saint-Esprit* (Mainjeus Mazda), l'*Intelligence de la bonne pensée* (Vohu-Mano) et l'*Ame de la terre* (Geus-Urva). »

« Je veux vous célébrer tous deux, toi, la Vérité (Asha) d'abord et le *Bon-Esprit* (Manacca-Vohu); ensuite je célébrerai aussi le *Vivant-Sage* (Ahoura-Mazda), la Puissance (Shariver) et le *Dévouement* (Armaïti)...»

A ces divinités le poëte ajoute Craosha ou Serosh « qui prépare la voie au Tout-Puissant, » c'est-à-dire le messager de la parole divine, le verbe incarné. Comme on le voit, il n'est pas une seule de ces personnifications qui rappelle les conceptions naturalistes du Védisme, et qui n'appartienne exclusivement à l'ordre spirituel et moral.

Si la religion védique ou déification des phénomènes physiques a reçu à juste titre le nom de *naturalisme*, le zoroastrisme peut par opposition être qualifié du titre de *spiritualisme*, puisqu'il a pour fondement essentiel l'adoration de génies purement spirituels et moraux. La lutte entre les deux ordres de conceptions religieuses nous représente ainsi sous une de ses formes les plus anciennes, la plus ancienne peut-être, l'antagonisme incessant et manifesté de mille manières dans tout le cours de l'histoire entre le matérialisme et l'idéalisme, entre l'image et l'idée pure, entre le symbole et la pensée, entre l'idolâtrie et le culte en esprit et en vérité.

Indiquons sommairement quelques-unes des conséquences nécessaires de ces deux modes de culte, esquissons à grands traits quelques-unes des formes principales qu'elles ont revêtues dans les sociétés primitives.

Dieu est *Déva*, c'est-à-dire brillant, resplendissant, disent les chantres védiques; la lumière, l'éclat, la beauté constituent l'essence de l'Être suprême. Dès lors toutes les choses belles, resplendissantes, éclatantes participeront de la nature divine ; la création tout entière envisagée par son côté plastique sera ainsi déifiée, et du naturalisme des Védas sortiront, par une conséquence toute naturelle, l'anthropomorphisme, le culte du beau qui forme le caractère exquis et distinctif des religions helléniques.

Dieu est Ahoura-Mazda, source de vie et de science, s'écrient de leur côté les prophètes de l'Iran ; il est un être invisible et immatériel, aucune créature ne peut nous en donner une idée sensible, aucune forme corporelle n'est apte à nous le représenter ; les phénomènes moraux de l'ordre le plus élevé, les vertus les plus sublimes sont seuls capables de faire entrevoir à notre intelligence bornée ses attributs innombrables, ses perfections infinies.

On comprend que, dans ce dernier système, basé sur une contemplation purement interne, la réflexion joue un rôle bien plus considérable que dans le précédent ; aussi des vues d'une moralité sérieuse, profonde et suivie se manifestent-elles à chaque page dans les écrits des Zoroastriens, tandis que dans les Védas, la raison, la moralité n'apparaissent que par éclairs et laissent le plus souvent le caprice, la fantaisie, l'imagination et la passion exaltée se déployer librement, sans idée arrêtée, sans système préconçu.

Nous devons également signaler dans le parsisme une tendance, bien plus marquée que dans le culte opposé, aux idées monothéistes, à l'adoration d'un Dieu, sinon unique pendant toute l'étendue de la durée, du moins unique au commencement et à la fin des choses. Cette idée de l'unité divine n'est point sans doute inconnue aux Védas, où on la retrouve dans plusieurs hymnes, mais le poëte ne s'y arrête pas, ne l'approfondit jamais, et, après avoir attribué dans une strophe à tel ou tel Déva, à Indra, par exemple, le rôle suprême, il le confère plus loin à Agni, à Aditi ou à Soma. La contemplation trop exclusive du monde extérieur, par la variété incessante des phénomènes multipliés et sans liaison apparente qu'elle présente, conduit nécessairement au polythéisme, tandis que l'idée de l'unité, sinon absolue, du moins relative, doit naître non moins nécessairement de l'observation du monde interne, où tous les phénomènes, quelle que soit leur variété, se trouvent résumés en un être unique, l'esprit de l'homme.

Dans le zoroastrisme, il n'y a qu'un seul vrai Dieu, Ahoura-Mazda ; lui seul a tout créé, toutes choses émanent de lui et sont contenues en lui ; seulement ce Dieu n'est pas encore tout-puissant, il a besoin, pour assurer son empire, de lutter contre le Dieu du mal, contre le mauvais génie ou génie des ténèbres : de là, le dualisme célèbre de la religion zoroastrienne ; mais ce dualisme n'a rien de définitif, le mal sera vaincu un jour et Ahoura-Mazda triomphant régnera seul sur toutes ses créatures.

Le principe monothéiste contenu en germe dans le parsisme apparaît déjà clairement dans les chants des Gâthâs.

« Je t'ai considéré, ô Mazda, dit Zoroastre, comme l'être pri-
» mitif, comme le plus élevé dans la nature et dans l'esprit,
» comme le père du bon esprit, quand j'ai vu de mes yeux
» que tu es l'essence de la vérité, le créateur de la vie, le vi-
» vant dans tes œuvres (1). »

La personnification du temps sans bornes dans Zervane Akerene, divinité supérieure à Ormuzd et à Ahriman eux-mêmes, vint donner, dans les développements ultérieurs du parsisme, un nouveau degré de précision à la conception d'un Dieu unique et suprême.

Le mode de représentation de la divinité diffère dans les deux cultes, comme le dogme lui-même. A l'époque où le védisme et le zoroastrisme prirent naissance, l'art de façonner la matière, la terre, la pierre, le bois, les métaux, n'était pas complètement inconnu. On construisait des habitations, on fabriquait des ustensiles, des armes, des chars et tous les divers instruments du sacrifice ; cependant aucune représentation figurée de la divinité n'existait et ne devait exister pendant bien des siècles encore. L'absence d'idoles, de temples de monuments religieux d'aucune sorte, est la marque distinctive de cet âge religieux que l'on pourrait à juste titre appeler l'Église primitive, dont on retrouve des traces dans la tradition de tous les peuples et dont la loi mosaïque résume en ces termes le caractère spécial et définitif : « Si tu m'élèves un autel de pierres, dit l'Éternel, tu ne le feras point avec des pierres taillées ; si tu y mets le fer, il sera souillé. Ne vous faites point d'idoles, ne vous dressez point d'images sculptées ni de stèles ; ne souffrez point de pierres figurées dans votre pays (1). »

La déification des objets sensibles et matériels, telle que la comprenaient les pasteurs aryas, est une forme religieuse incompatible avec cette prescription spiritualiste commune à tous les peuples primitifs. L'idolâtrie subsiste en germe dans les Védas et, comme l'a remarqué M. Maury (2) « si l'anthropomorphisme n'apparaît pas encore dans l'âge védique, il est en revanche arrivé à un grand degré de développement dans les figures du langage, et l'art plastique n'a qu'à se développer pour le faire passer immédiatement dans les formes. On trouve déjà dans la religion védique tout le développement idolâtrique qui enfantera plus tard les représentations bizarres et monstrueuses des Hindous, les figures colossales, les symboles gigantesques de l'Assyrie, et la perfection inimitable, dans leurs proportions plus restreintes et plus harmonieuses, des divinités de la Grèce. »

Le spiritualisme des Perses, au contraire, comme celui des Hébreux, n'admit jamais que par exception, et le plus souvent par imitation des pratiques étrangères, les représentations figurées de la divinité. Dans l'Iran, leur antique patrie, les Perses ne connurent jamais d'idoles. Lorsqu'à la suite de Cyrus ils envahirent l'Assyrie et la Babylonie, leur premier mouvement fut de renverser les temples et de détruire les simulacres

(1) *Exode*, xx. — *Deutér.*, xxvii. — *Lévitique*, xxvi
(2) *Essai historique sur la religion des Aryas*.

religieux ; bientôt, il est vrai, en empruntant aux vaincus leurs mœurs et leur civilisation, ils leur empruntèrent aussi leurs arts, leurs cultes et leurs emblèmes, mais cette imitation des usages étrangers n'altéra jamais que passagèrement la tendance essentiellement morale et spiritualiste du parsisme. L'antique forme religieuse subsista toujours sans altération chez certaines parties de la nation, et, de nos jours encore, les Parses ou Guèbres, sectateurs de Zoroastre épars dans diverses contrées du continent asiatique, n'admettent pas d'images dans leurs temples, où la divinité n'est représentée que par le foyer sacré, par une flamme qui ne s'éteint jamais.

La tendance spiritualiste et monothéiste du parsisme créait, entre cette religion et celle des Juifs, des affinités qui se manifestèrent clairement dès que les deux cultes se trouvèrent en contact.

Comme l'a remarqué M. Michel Nicolas, indépendamment des caractères généraux de leurs croyances et de leur haine commune des idoles, une foule de traits saillants rapprochaient en effet les disciples de Moïse de ceux de Zoroastre et devaient leur inspirer une sympathie mutuelle. Les deux peuples avaient été voués à l'agriculture par leurs législateurs ; leurs lois présentaient des ressemblances surprenantes, elles recommandaient le même respect de la famille, elles avaient un système semblable de souillures légales et de purifications, elles partageaient les hommes et les animaux en deux grandes classes, les purs d'un côté et les impurs de l'autre. Leur analogie s'étendait jusqu'à des points de la plus minime importance, et une foule de détails de l'existence humaine, dont les législations ordinaires ne se préoccupent nullement, étaient l'objet de prescriptions minutieuses et analogues dans chacun de ces codes sacrés.

Aussi lorsque les Juifs et les Perses se rencontrent pour la première fois dans la Babylonie, semblent-ils se reconnaître pour des frères en religion.

Au moment même où Cyrus marche contre Babylone, les déportés du royaume de Juda le saluent comme un libérateur.

Plus tard, la faveur des Achéménides ne fit jamais défaut aux descendants d'Abraham, et après que la puissance des successeurs de Cyrus eut été brisée par Alexandre de Macédoine, les Juifs ne séparèrent pas leurs intérêts de ceux des Perses. La haine commune des deux peuples pour des vainqueurs odieux resserra les liens qui les unissaient déjà. Quand le trône du grand roi eut été relevé par Ardeshir Barbekan, les Juifs retrouvèrent auprès des Sassanides, sauf dans quelques moments difficiles, une bienveillance égale à celle dont les Achéménides les avaient comblés.

On ne saurait donc s'étonner, d'après cette tendance des deux peuples à se rapprocher, à se pénétrer l'un l'autre, de voir leurs deux cultes se faire des emprunts réciproques. Les docteurs juifs calquèrent leur hiérarchie angélique sur le système parse des Amschaspands, des Izeds et des Férouers, et formèrent leur démonologie sur les modèles du royaume d'Ahriman et de ses esprits pervers. Les Parses, de leur côté, semblent avoir emprunté aux Juifs la doctrine de la résurrection des corps, ainsi que l'ensemble des idées apocalyptiques, avec les aspirations et les consolantes espérances qu'elles font naître par l'attente d'un Sauveur de la nation (1).

(1) Voir, pour plus de détails sur les rapports du parsisme et du judaïsme, l'intéressant travail sur le *parsisme*, publié par M. Michel-Nicolas, dans la *Revue Germanique* de 1860.

DEUXIÈME PARTIE

PREUVES DE L'IDENTITÉ ORIGINAIRE DES DEUX RELIGIONS INDIENNE ET IRANIENNE.

CHAPITRE I.

MÉTHODE QUE NOUS SUIVRONS DANS NOS RECHERCHES.

Comme nous venons de le voir, les religions indienne et iranienne diffèrent l'une de l'autre par le génie, par les tendances, ainsi que par les degrés divers d'importance attribués par chacune d'elles aux diverses parties du dogme, du culte et de la morale.

Cependant plus on approfondit les doctrines de ces deux formes religieuses, plus on arrive à se convaincre qu'elles reposent sur des données primitivement identiques. Une à leur point de départ, elles se distinguent plus tard par la diversité, l'inégalité de leur développement. On peut les envisager comme deux branches d'un même tronc, dont la croissance, large et opulente, ne s'est pas opérée dans les mêmes conditions, sans qu'il soit cependant possible à un œil exercé de méconnaître leur commune origine.

Cette identité originaire doit être par nous démontrée ici, et quelque imparfaite que soit encore la connaissance des deux cultes, de celui de la Perse surtout, nous croyons cependant avoir en main les éléments nécessaires pour arriver d'une manière certaine à la solution de ce problème difficile sans doute, mais non pas insoluble.

Pour parvenir à le résoudre, nous nous efforcerons de suivre la méthode sévère et lumineuse à l'aide de laquelle les illustres créateurs de la philologie comparée, sont arrivés à constater l'existence d'une langue arienne antérieure au sanscrit et au zend et de laquelle ces deux idiomes sont pareillement dérivés.

C'est par une induction sévère, par une attention soutenue, par la comparaison raisonnée des expressions, des formes, des modifications insensibles et successives des deux langues, qu'il a été possible à ces hommes laborieux de retrouver les radicaux primitifs, qui souvent n'existent plus ni dans l'une ni dans l'autre, mais qui appartenaient à un langage antérieur dont aucun monument ne nous est resté. De même, en rapprochant les mythes sous leurs diverses formes, en les comparant avec attention, en les dégageant des ornements accessoires qui les dissimulent ou les altèrent, nous tâcherons d'arriver à les rétablir tels qu'ils furent à l'origine, avant que l'indien védique ne les eût personnifiés dans les éléments pour en faire des Dévas, avant aussi que le disciple de Zoroastre ne les eût idéalisés sous la forme de divinités abstraites et morales.

On a prouvé que les langues diverses qui composent la famille sanscrite, ne doivent pas être considérées comme dérivées les unes des autres, mais qu'elles appartiennent à un seul et même fond primitif, auquel elles ont puisé dans des proportions inégales. Nous verrons que les religions de l'Arie ont été créées par le même procédé; elles ne dérivent pas les unes des autres et bien que les différents âges de leur culture établissent entre elles une apparence de succession chronologique, bien qu'elles se soient fait réciproquement certains emprunts, on peut dire que, comme les langues, elles dérivent d'un fond commun, fond exploité par elles dans une mesure inégale et par des voies, des moyens, des procédés différents.

De même qu'en matière de langage, les radicaux n'ont pas reçu partout le même développement, ainsi certaines données religieuses restées improductives dans les Védas ont donné lieu dans l'Avesta à un brillant développement, et certaines autres restées infécondes chez les Iraniens ont enfanté chez les Indiens des fables multipliées, toute une série de conceptions mythologiques.

Rien, en un mot, dans la création des religions, comme dans celle des langues, n'a été chez ces peuples pareil et égal; la diversité la plus infinie, preuve de la fécondité de l'imagination, de la richesse inépuisable du génie, a caractérisé toutes les phases du développement et du progrès dans cette partie de la famille humaine, mais toute croissance y est sortie d'une souche primitivement commune, toute transformation, tout développement, tout progrès s'y sont accomplis d'après les mêmes lois (1).

(1) E. BURNOUF, *le Yaçna*, Introduct. — Martin HAUG, *Die Gâthâs*, Introduct. — Max. MULLER, *Mytholog. comparée*. — BUNSEN, *Oultines*.

CHAPITRE II.

HIÉRARCHIE CÉLESTE. — DIVERS ORDRES DE DIEUX. — NOMBRE DES DIVINITÉS.

Le fait seul, parfaitement établi par la science moderne, que les divers peuples de la famille arienne, tels que les ancêtres des Brahmanes et ceux des Iraniens, ont à une certaine époque habité les mêmes contrées, parlé le même langage, mené un genre de vie identique, pourrait au besoin sembler une preuve suffisante de leur communauté originaire de croyance et de culte. Mais ici l'ethnographie, la géographie, la philologie comparée ne doivent nous être d'aucun secours, ce n'est que par une comparaison attentive des monuments religieux des deux rameaux indiens et iraniens que nous voulons arriver à établir qu'ils eurent à l'origine une même religion et que nous espérons pouvoir préciser quelques-unes des formes et énoncer quelques-unes des croyances de ce culte antique et presque primitif.

Remarquons d'abord, avec M. Burnouf, que les livres sacrés dans lesquels nous devons puiser les éléments de notre démonstration, sont classés dans l'un et l'autre culte de la même manière. Les Parses, en effet, divisent la totalité de leurs livres saints en trois parties, dont chacune comprend sept traités. Cette classification en *trois* corps d'ouvrages fait penser à celle des Védas. Les nombres 3 et 7 sont du reste réputés sacrés dans tout l'Orient, il y a là certainement une réminiscence d'une idée antique et générale, d'une influence attribuée à ces nombres. En ce qui concerne particulièrement le nombre 3, nous le retrouverons dans la *triade* ou *trinité* des anciens Ariens reproduite par les Védas et par l'Avesta. Il en sera de même pour le nombre 7 : les Ariens védiques reconnaissaient sept Adityas ; les Iraniens, sept Amschaspands.

Une seconde remarque qui porte sur le plan de la hiérarchie céleste, c'est-à-dire sur ce qu'il y a de plus général dans les deux religions, c'est que si Zoroastre a organisé son armée céleste d'après un mode mieux déterminé et plus régulier que celui qu'on peut remarquer dans les Védas, il y a cependant dans son système un principe commun aux Védas. De même, en effet, que, d'après ces livres, *Agni* travaille à créer le monde avec sept *Richis* dont il est le chef (Angirastama), *Ahoura-Mazda*, d'après l'Avesta, est le premier des sept Amschaspands qui concourent à l'œuvre de la création et qui surveillent tous les êtres. Un grand nombre des Dévas védiques se retrouvent aussi parmi les Izeds ou « *êtres dignes de l'adoration* » du mazdéisme ; les uns y jouent un rôle important et semblent presque les égaux et parfois les supérieurs des Amschaspands ou génies célestes ; tels sont *Taschter*, le *Twachtri* des Védas et surtout *Mithra*, le *Mitra* védique, le dieu Soleil qui règne dans le ciel ; les autres sont déchus de leur rang élevé, ce sont plutôt des rois puissants que des dieux véritables. Ainsi, *Hom*, le même que *Soma*, nous apparaît dans les hymnes zoroastriens, non plus rayonnant dans sa triple unité, mais mutilé dans sa souveraineté qui semble se borner à la terre (1).

La division ou classification générale des divinités offre éga-

---

(1) LANGLOIS, *Mém. sur la divinité Soma.*

lement dans les deux religions, non pas seulement une certaine analogie, mais une identité parfaite.

Les hymnes anciens des Védas, qui présentent le ciel et la terre comme le *couple immortel*, comme les deux *grands parents du monde*, comme les *divinités mères* (1) fournissent la base de la division des dieux védiques en deux grandes classes : *dieux du ciel, dieux de la terre*.

Entre ces deux classes de divinités primordiales se placent une foule de dieux intermédiaires ou médiateurs, qui sont en général fournis par la substance éthérée et lumineuse répandue partout entre le ciel et la terre. Aussi un grand nombre d'hymnes divisent-ils les Dévas en divinités du *ciel*, de *la terre* et des *ondes aériennes*. Ces trois classes de divinités sont souvent considérées comme formées chacune d'un nombre égal de dieux ou de catégories de dieux présidant aux trois grands règnes de la nature (2). Agni, considéré comme dieu supérieur, participe à cette triple nature ; il règne à la fois sur la terre, dans le ciel et dans l'air.

Cette classification est celle adoptée par l'Anoukramani ou table générale des hymnes du Rig-Véda, premier essai de coordination, de systématisation tenté par les commentateurs des hymnes védiques : « Il y a trois divinités, dit cet ancien document ; la terre, l'air et le ciel sont leur empire, et *Agni, Vayou* et *Sourya* leurs noms. La diversité de leurs œuvres leur a fait attribuer des noms différents et adresser des hymnes divers. »

Ailleurs cette trinité se modifie : au lieu de *Sourya*, nous trouvons *Aditya*, et des trois divinités principales naissent les *Vasous*, les *Roudras* et les *Adityas*, qui, joints aux deux divinités supérieures *Indra* et *Pradjavati* (ou, selon d'autres commentateurs, aux deux *Açwins*), forment les trente-trois dieux rappelés si souvent dans les Védas (3).

(1) Rig-Véda, t. IV, p. 38, 43. — I, p. 427.
(2) Rig-Véda, t. IV, p. 284. — II, p. 228, n. 24.
(3) Rig-Véda, t. II, p. 228, note 4. — III, p. 79, 233. — IV, p. 487, n. 35.

Les divinités de la Perse, comme celles du védisme, peuvent se ramener à trois grandes classes : divinités du ciel, divinités de la terre et divinités intermédiaires ; mais, dans le système zoroastrien, cette division à une portée plus élevée, un sens plus profond que dans les Védas. Au lieu de rappeler simplement le milieu dans lequel sont censés se mouvoir les génies divins, les éléments auxquels ils président, elle a pour objet de déterminer leur importance relative, leurs rapports réciproques, et elle correspond, comme nous le verrons, à de profondes conceptions religieuses et métaphysiques (1).

Le § XLI, 2, du liv. Ier du Yaçna, fournit la base de cette classification en rangeant tous les Izeds, c'est-à-dire tous les êtres dignes de l'adoration des hommes, dans deux grandes catégories, à savoir : les *Izeds célestes* et les *Izeds terrestres* : « J'invoque, je célèbre tous les Izeds et *célestes* et *terrestres*, qui distribuent les richesses, qui doivent être invoqués et adorés par la pureté qui est excellente (2). »

Au début des Gâthâs (fragments probablement les plus anciens qui nous aient été conservés des écrits religieux de la Perse, et dont plusieurs semblent antérieurs à Zoroastre lui-même et à certaines parties des Védas), le poëte invoque d'abord les divinités célestes : *Ahoura-Mazda*, *Ashâ*, la vérité, *Manacca Vohu*, le bon esprit (3).

Il adresse ensuite son hommage à des génies d'un ordre moins élevé, se rattachant à la *terre* ou du moins à la *vie terrestre*, que les doctrines de la Perse distinguent toujours avec tant de soin de la *vie spirituelle*; ce sont *Khsattra*, la richesse ou la puissance, *Armaiti*, le génie de la terre, *Goschoroun*, l'âme de la terre.

A la fin de ce fragment, § VI, le chantre sacré élève ses prières vers *Craosha*, divinité d'un ordre particulier et qui, selon les expressions des Gâthâs, « *prépare la voie au tout-*

---

(1) Les Gâthâs parlent formellement d'une trinité divine, XXXIV, § 5.
(2) E. Burnouf, *le Yaçna*, p. 55.
(3) Haug, *Die Gâthâs*, I, § 2 à 6.

puissant Ahoura-Mazda. » *Craosha* ou *Serosh* est la tradition personnifiée, la parole divine incarnée; c'est par l'intermédiaire, la médiation de ce génie, que le Dieu suprême agit sur le monde et sur les hommes.

Craosha est donc une divinité intermédiaire entre le ciel et la terre, un médiateur entre le Dieu suprême et ses créatures, c'est l'Ized, le génie de la parole d'Ormuzd. Il remplit dans la religion iranienne le rôle souvent attribué par les Védas aux dieux de l'air ou à *Agni*, « le messager des dieux, » « le ministre des vœux et des prières des mortels, » « le dieu revêtu d'une forme humaine [1]. »

La divinité intermédiaire et médiatrice, au lieu d'être représentée ici par une personnification élémentaire, comme dans les Védas, est donc réalisée sous la forme d'une conception religieuse et philosophique, qui caractérise parfaitement le génie abstrait et réfléchi de la religion iranienne. Du reste, *Craosha* n'est pas, comme nous le verrons ailleurs, la seule divinité de cette espèce d'après les doctrines de la Perse, qui, comme les Védas, admettent un grand nombre de médiateurs divins, parmi lesquels plusieurs sont communs aux deux cultes, par exemple, *Mithra*, ou *Mitra*, le *Feu*, les *Prières*, la *Parole*, etc.

La classification des divinités en dieux célestes, dieux terrestres et dieux intermédiaires est donc commune aux deux religions. Cette classification semble, du reste, avoir été presque partout une des notions générales, une des formes nécessaires de la conception divine à son origine. Si l'homme, en effet, conçoit généralement la divinité comme un être ou une classe d'êtres supérieurs, éthérés, lumineux, d'une essence différente de celle de l'homme, et habitant le ciel, c'est-à-dire les régions supérieures de l'atmosphère, il aperçoit en même temps des manifestations constantes de la divinité dans le monde inférieur, dans les phénomènes terrestres, dans la vie, la végé-

---

(1) Rig-Véda, i, 54. — ii, 33. — i, 21 à 29.

tation, les feux souterrains, les sources jaillissantes ; cette force cachée qu'il ne voit pas et qui agit sans cesse autour de lui, se personnifie à ses yeux en une nouvelle classe de génies, et il place ainsi la divinité sur la terre en même temps qu'il l'invoque dans le ciel. Enfin le désir d'entrer en relation avec ces puissances qui vivent, agissent, s'agitent, créent et détruisent sans relâche, lui fait chercher des intermédiaires entre elles et lui. L'homme veut à la fois recevoir les communications des êtres divins et leur transmettre ses vœux, ses prières ; il est ainsi conduit à concevoir un troisième ordre d'êtres surnaturels qu'il se représente, selon son degré de développement, selon son génie particulier, sous la forme d'un élément, tel que l'air qui remplit l'espace ou la flamme qui jaillit de la terre et s'élance vers le ciel, sous la figure d'un oiseau divin, d'un cheval ailé, d'un astre errant ; ou bien encore dont il réalise le type dans une idée abstraite, dans une image empruntée au monde moral : les médiateurs sont alors la *Parole*, les *Prières*, l'*Élan religieux*, le *Verbe incarné*, le *Saint-Esprit*, la *Grâce divine*, etc.

La triade védique composée d'*Agni*, de *Vayou* et de *Sourya* ou *Aditya*, dont nous avons parlé plus haut, n'a, comme les caractères attribués aux dieux védiques, rien de bien déterminé, elle se modifie souvent ; c'est ainsi qu'à Sourya est parfois substitué *Aditya*. Souvent aussi les trois dieux associés sont, au lieu de ceux indiqués ci-dessus, *Varouna*, *Mitra* et *Aryaman* (1). Sous cette dernière forme, cette triade a les plus grands rapports d'analogie avec la trinité perse composée d'*Ahoura-Mazda*, *Mithra* et *Ahriman*. *Ahoura*, c'est le dieu suprême ; or *Varouna*, de même qu'Indra et qu'Agni, reçoit quelquefois cette qualification dans les Védas ; *Mithra*, c'est le dieu médiateur, le même que le *Mitra* védique ; *Ahriman*, c'est le génie du mal, le roi de la terre souterraine, le même qu'*Aryaman*, considéré dans certains hymnes du Rig, non

(1) LANGLOIS, *Préface* de la traduction du *Rig-Véda*, p. VIII.

plus comme un Aditya bienfaisant, mais comme le dieu de la mort, l'adversaire du dieu céleste et suprême qui donne la vie (1).

Cette triade, identique dans les deux cultes, représenterait, dans un certain sens, la triple conception qui sert de base à la classification des dieux de l'Arie et de l'Iran, puisqu'elle comprend le dieu céleste et suprême, le dieu des régions inférieures, de la terre souterraine considérée comme l'asile des morts, enfin le dieu médiateur.

Si la classification générale est identique, le nombre des dieux est également le même dans les deux cultes. Nous avons déjà parlé des *trente-trois* divinités védiques ; ce nombre est formellement rappelé dans le Yaçna : « J'invoque, je célèbre... les *trente-trois* génies les plus rapprochés de Hâvan, qui sont d'une pureté excellente, que Mazda a fait connaître et qu'a proclamés Zoroastre (2). »

Ces trente-trois divinités, il est vrai, ne se trouvent mentionnées qu'une fois dans l'Avesta, mais, ainsi que le remarque M. Burnouf, ce ne serait pas là le seul exemple de croyances brahmaniques conservées dans les livres sacrés des Perses et effacées complétement de la mémoire de ces derniers. Il y a évidemment dans cette réminiscence les traces d'une communauté religieuse primitive des deux peuples, et en même temps les vestiges d'un antique essai de classification des divinités anciennement reconnues par la généralité des tribus de l'Arie.

(1) Rig-Véda, 1, p 560, 568.
(2) Burnouf, *Yaçna*, p. 335.

CHAPITRE III.

LE DIEU CÉLESTE PAR EXCELLENCE OU DIEU SUPRÊME.

La notion d'un dieu *supérieur* et celle même d'un dieu *suprême*, qui forme l'un des caractères spéciaux et distinctifs du mazdéisme ou culte d'*Ahoura-Mazda*, ne sont nullement étrangères aux Védas. Seulement, au lieu de personnifier ce dieu suprême dans une divinité spéciale et toujours la même, les Indiens védiques, « *par une inconstante fantaisie,* » selon l'expression de M. Langlois, attribuent successivement ce rôle à Aditi, à Agni, à Indra, à Soma, à Varouna, en un mot, à la plupart des Dévas, en considérant tour à tour chacun d'eux comme le souverain des cieux, comme le maître et le créateur suprême : « *Aditi*, disent-ils, c'est le ciel ; Aditi, c'est l'air ; » Aditi, c'est la mère, le père et le fils ; Aditi, ce sont tous les » dieux et les cinq espèces d'êtres (1). »

« Agni est le chef des troupes divines, s'écrie un autre » poëte ; dieu universel, immense, infatigable, il tient tous les » biens dans sa main droite (2). » Ailleurs ce rôle supérieur est attribué à Indra que le Mahabharata appelle le « *dieu des*

(1) Rig, I, p. 169.
(2) *Id.*, I, 316, III, 20.

dieux 1). » Dans le Samavêda, *Soma* est à son tour présenté comme le créateur de toutes choses présentes, passées et futures, comme le père de l'intelligence, du ciel, des astres et de l'air (2).

La *fantaisie* des Ariens védiques n'est pas, selon nous, la seule cause de cette inconstance apparente dans l'attribution successive du rang suprême à telle ou telle divinité. Rappelons-nous que ces peuples, comme toutes les nations du globe, étaient divisés, à une certaine époque de leur existence, en tribus ou clans. Chaque tribu avait son dieu ou ses divinités protectrices, et il semble naturel que les poètes ou chantres aient accordé la supériorité aux dieux de la tribu dont ils faisaient eux-mêmes partie, soit par vanité nationale, soit pour plaire à la divinité, objet de leurs louanges. Il dut donc y avoir dans les chants védiques primitifs à peu près autant de dieux suprêmes qu'il y avait de tribus védiques. On retrouve chez la plupart des peuples anciens des traces d'un phénomène analogue. Les anciennes tribus de l'Attique, comme celles de l'Italie, avaient chacune leur dieu tutélaire. Le dieu suprême avait plus d'une fois changé pour la généralité des peuples helléniques : *Uranos*, selon la tradition, avait été détrôné par *Kronos*, et celui-ci par *Jupiter*, qui devait lui-même voir un jour son règne remplacé par celui de *Bacchus*.

Cette notion de la suprématie divine, manifestée si fréquemment dans les Védas, se précise même en certains endroits jusqu'à s'élever à la hauteur de la conception de l'unité divine, comme dans ces passages : « Agni est le *dieu unique*, il a fait les autres dieux. » « L'esprit divin qui circule au ciel, on l'appelle Indra, Mithra, Varouna, Agni; les sages donnent à l'*être unique* plus d'un nom, c'est Agni, Yama, Matariswan (3). »

Zoroastre, en personnifiant le dieu suprême dans une divinité particulière à laquelle il donna, ou plutôt à laquelle il

---

(1) Th. Pavie, *Fragments du Mahabharata*, p. 89.
(2) A. Maury, *Essai sur la religion des Aryas*.
(3) Rig, IV, p. 316, 317 — I, p. 389.

conserva le nom d'*Ahoura-Mazda*, fit donc uniquement ce qu'avaient fait avant lui la plupart des poëtes ou prophètes de l'Arie; il condensa, réunit et précisa les éléments religieux répandus, épars et confus, autour de lui, mais il ne donna pas à son *Ahoura* d'autres attributs que ceux que les Védas reconnaissent à Indra ou à Agni considérés comme dieux suprêmes; le nom même de ce dieu fut emprunté à l'ancien culte de l'Arie et se retrouve fréquemment dans les hymnes védiques.

Asoura, que les tribus iraniennes prononçaient, par euphonie, *Ahoura*, en aspirant la sifflante, était un des plus anciens titres par lesquels les Ariens désignaient la divinité, avant d'avoir donné aux différents dieux des dénominations spéciales. « Pour l'indien des premiers temps, dit M. Langlois,
» Dieu n'a pas de nom, on ne le désigne que par ses attributs.
» Ainsi il est *Cavi*, intelligent; il est *Asoura*, auteur du mou-
» vement... » Dans les Védas, une multitude de passages nous donnent des exemples de l'épithète d'*Asoura* ainsi employée dans le sens général de *divin*, de *céleste*, de *dieu* :

« L'*Asoura* (le dieu) s'approche. O sage, honore par tes
» hymnes l'auguste Savitri. »

« Mitra et Varouna, ces deux grands rois, ces *Asouras* (ces
» dieux) amis de la justice, approuvent notre sacrifice. »

« Le pieux *Asoura*, Soma, apparaît avec ses trois têtes. »

« Les pères du sacrifice ont, par de triples libations, af-
» fermi la marche du lumineux *Asoura* (1). »

Dans le célèbre dialogue d'Yama avec sa sœur Yami, Yama, le dieu terrestre, la personnification de la terre, réceptacle des morts, se distingue nettement des dieux célestes, des fils de l'*Asoura* ou dieu suprême, dont il est lui-même issu, mais avec une forme différente de celle des dieux du ciel : « Si nous avons la même origine que les autres dieux, notre forme est différente. Les enfants du grand *Asoura* sont des héros qui soutiennent le ciel; ils étendent leur large puissance (2). » Si

---

(1) Ric, II, p. 327; — III, 286; — IV, 18, 263.
(2) *Id.*, IV, 114.

l'on observe que *Yama* est passé sous le nom de *Jima* dans la religion de Zoroastre, et que ce mythe est certainement un des plus anciens de l'antique religion de l'Arie, on comprendra comment l'auteur de ce dialogue, pour désigner la divinité suprême, emploie le terme d'*Asoura*, qui n'est souvent dans les autres hymnes des Védas qu'une épithète jointe au nom de quelque déva. On pourra en conclure aussi que les hymnes dans lesquels le terme d'*Asoura* se trouve employé dans le même sens, sont les plus anciens du Rig et remontent à une époque antérieure à la séparation des Ariens en Indiens et en Iraniens.

Dans les livres perses, comme dans les Védas, l'épithète d'*Ahoura*, qui correspond à l'*Asoura* védique, sert, non-seulement de désignation au dieu suprême, mais encore de qualification aux génies supérieurs. Dans les Gâthâs, on trouve cette expression employée au pluriel ; les *Ahouras* sont les génies du ciel. Le titre de *Mazda* est fréquemment pris dans un sens analogue ; c'est un titre donné aux dieux, aux prophètes, entre autres à Zoroastre (1). La diversité des acceptions dans lesquelles est usitée l'expression d'*Ahoura*, non moins que le vague et l'élasticité du sens qu'il présente, a jeté les traducteurs dans de fréquentes hésitations sur la manière de le traduire. Anquetil le rend plusieurs fois par le mot *divin ;* Bopp pense qu'il signifie *dieu ;* Rask opine pour le sens de *saint ;* Martin Haug, d'après les nouvelles découvertes faites dans les langues sanscrite et zende, croit qu'*Ahoura* signifie *vivant* (vivus, lebendiger). Il est d'accord sur ce point avec le traducteur français du Rig, d'après lequel *Asoura* (du sanscrit *ahu*, vie, et du suffixe *ra*) est l'être doué de force et de mouvement, et communiquant la vie dont il est animé. L'explication donnée pour le mot *Asura* par les commentateurs des Védas est *prânada* (*spiritum dans*); Asoura peut donc se traduire par *spiritûs dator* (2). M. Burnouf traduit de même le mot zend *Ahoura* par *l'être doué de vie*.

(1) Haug, *Die Gâthâs*, XLV, § 1. — XXVII, § 13. — XLIX, § 5.
(2) Langlois, *Rig-Véda* I, p. 235, n. 35; — 506, n. 10; — 508, n. 28

Ainsi *Ahoura*, c'est la divinité vivante et créatrice, et c'est dans ce sens que ce titre est donné à *Mithra*, le soleil qui féconde la terre, au *Bordj*, ized des femmes et principe des eaux d'où provient toute végétation. Par une extension naturelle, cette même qualification a été attribuée à toutes les choses bonnes, saintes, élevées, dignes de respect et d'admiration et enfin, par une transformation ou plutôt par une application dont le nom de la divinité, chez tous les peuples, est devenu susceptible, *Ahoura* a été un titre honorifique prodigué aux rois, aux princes, aux chefs d'armée ou de tribus, à tous les héros auxquels Homère accorde si volontiers les épithètes de *divins*, de *semblables aux dieux*. C'est pour cela que Nériosengh traduit *Ahoura* par un terme sanscrit qui signifie roi, seigneur ou maître.

Chez les Grecs et les Latins, le nom de *Zeuspater*, Jupiter, a passé par une suite de vicissitudes, de transformations analogues. Avant de servir spécialement à désigner le souverain des dieux, il s'est appliqué à des objets matériels, tels que la voûte céleste; c'est ainsi que les Latins disaient: *Sub Jove frigido*. En Italie, ce nom resta longtemps appellatif et fut donné indifféremment aux antiques rois, aux héros bienfaiteurs de la nation, aux ancêtres déifiés. Il en fut de même du nom de Junon qui, avant de s'appliquer à la reine du ciel, désignait les génies tutélaires des matrones de l'Italie; il y avait une foule de Junons (1). En Grèce, *Zeus Melossios* était à Paros et à Corcyre le dieu protecteur des troupeaux; ailleurs, ce nom désignait le soleil (2).

Ahoura ou *Asoura* nous paraît donc avoir été un des termes les plus généralement en usage chez les antiques Aryas pour désigner la divinité. Ce terme n'était pas le seul usité dans le même sens; ceux de *Cavi*, de *Védha*, de *Déva* étaient simultanément employés, soit dans la généralité de la nation, soit de préférence chez certaines tribus. Plus tard, ces expres-

---

(1) CREUZER, *Relig. de l'Italie*, ch. 1.
(2) A. MAURY, *Hist. des relig. de la Grèce*.

sions, en se spécialisant, servirent de nom propre à un dieu ou à une classe particulière de divinités, et marquèrent une séparation religieuse, une distinction de cultes entre les diverses tribus. Il y eut les sectateurs des *Dévas*, ceux des *Asouras*, ceux des *Cavis*, et alors ces termes, par une nouvelle transformation, devinrent, pour les tribus ennemies et dissidentes, des épithètes odieuses, des noms de mauvais génies, de démons. C'est ainsi que *Ahoura*, la grande divinité des Parses, est devenue, pour les Hindous, les *Asouras* ennemis d'Indra et de la lumière, et que, par une juste réciprocité, les *Daévas*, ou Dévas des Védas sont en horreur aux Zoroastriens : « Le mot *Daéva*, dit » Eugène Burnouf, est le sanscrit *Déva*, mais avec cette diffé- » rence que *Déva*, chez les Brahmanes, signifie dieu, et *Daéva*, » chez les Parses, mauvais génie. Cette différence indique une » différence tranchée entre la religion de Zoroastre et celle de » Brahma. Il en a été des Dévas indiens chez les Parses, » comme des *Daimones* ou génies des Grecs, qui, plus tard, » sont devenus des démons (1). » L'épithète de *Cavi* subit le même sort. Dans les Védas, *Cavi* est un titre des divinités ou des prêtres ; parfois, c'est une qualification honorifique des familles les plus distinguées. Chez les Persans, au contraire, ce mot est pris en mauvaise part, et les prêtres *Khavis*, prédécesseurs des Brahmanes, sont considérés comme des magiciens trompeurs, comme les auteurs de toutes sortes de fourberies et de maléfices (2).

Par suite du même esprit d'antagonisme, de la même sorte de rivalité entre des religions, des sectes différentes, le dieu suprême du Rig-Véda, Indra a été relégué par les Perses, dans les enfers sous le nom du démon *Andra*. *Civa*, l'une des trois divinités supérieures du brahmanisme, est devenu pour les Mazdéiesnans le mauvais génie *Çarva*. De même *Kersçani*, protecteur, selon les Indiens, de la liqueur *Soma*, est pour les

---

(1) E. BURNOUF, *Comment. sur le Yaçna*, p. 8.
(2) HAUG, *Die Gâthâs, Einleitung*.

Perses le démon Kerecanou ou *Kriçanou*, ennemi du dieu *Haoma*, le Soma du zoroastrisme (1).

La principale épithète par laquelle les Perses désignent le dieu suprême et dont ils ont fait le nom même de ce dieu, est donc un terme emprunté à l'antique religion de l'Arie et conservé par les Védas, tantôt dans le sens de dieu, tantôt dans celui de démon. L'histoire des transformations successives du sens de cette épithète est une démonstration frappante de l'identité religieuse, de la similitude des cultes, qui réunit autrefois les anciennes tribus de l'Arie avant la création du védisme et du mazdéisme.

Zoroastre, pour préciser davantage encore la personnification divine qu'il désignait sous le nom d'*Ahoura*, joignit à ce mot celui de *Mazda*, qui signifie « savant » et « créateur. » Dans le langage religieux des Perses, dit M. Burnouf, *Mazda* signifie « *qui magna dat*, » et *donner* est synonyme de *créer*. Toute loi et toute science émanant de l'intelligence suprême, chez les Parses comme chez les autres nations de l'Orient, la loi peut être appelée un don de Dieu.

Quant aux attributs que le créateur du mazdéisme reconnaît à cette divinité, ils ne diffèrent pas sensiblement de ceux donnés par les Védas à Indra et aux autres Dévas, lorsqu'on les place au premier rang, lorsqu'ils sont envisagés comme dieux suprêmes ou du moins supérieurs.

Indra est *créateur* (2), *brillant*, *rapide* (3), *immense*, *généreux* (4), *bienfaisant*, *juste* (5), *fort*, *puissant*, *magnifique* (6), *sage* (7), *beau* (8), *pur* (9), *magicien secourable* (10), *dispensa-*

---

(1) SPIEGEL, *Avesta* I, 10, 20. — WEBER, *Indische Studien*, t. I, p. 313. — YAÇNA, IX, 75 et suiv.
(2) II, 34, 35, 420.
(3) I, 10, 12.
(4) I, 48.
(5) III, 77, 308.
(6) III, 393, 395.
(7) I, 18.
(8) I, 15, 250.
(9) I, 10, 12.
(10) I, 18.

teur de la richesse et de l'abondance (1), *le plus élevé de tous les êtres* (2).

« J'invoque, dit de son côté le Yaçna, je célèbre le *créateur*
» Ahoura-Mazda, *lumineux, resplendissant*, très-*grand* et
» très-*énergique*, très-*intelligent* et très-*beau*, éminent en
» *pureté*, qui possède la *bonne science, source de plaisirs*, lui
» qui nous a *créés*, qui nous a *formés*, qui nous a *nourris*, lui
» *le plus accompli des êtres intelligents*. (3) »

L'un des sens du mot Indra est celui de *roi* ; *grand, fort, infini,*
ce *dieu domine sur les nations* (4), sa *puissance vitale s'étend
partout* (5), il est *invincible*, tous les êtres se soumettent à
lui (6).

« De même *Ahoura* est « le chef des maîtres de maison, le
» chef des chefs de clan, le chef des princes de tribu, le
» chef élevé au-dessus des maîtres de tout le pays (7). »
« Je t'ai considéré, ô Mazda, s'écrie Zoroastre,....... comme
» le créateur de la pureté, le seigneur réel du monde (8). »

Protecteur de l'homme pieux, Indra, comme Ahoura, est le
maître de la foudre, avec laquelle il terrasse les méchants ;
comme Ahoura, il est couvert d'yeux dont les regards embrassent l'univers du haut de la montagne élevée qui lui sert de
séjour (9). Cette montagne céleste joue un grand rôle dans la
religion des anciens peuples de l'Arie ; sur son sommet avait
été promulguée la parole sainte, et on l'appelait *dépositaire de
l'intelligence divine* (10). Indra, comme Ahoura, avait enseigné
aux hommes les coutumes pieuses, le sacrifice et toutes les
œuvres saintes (11).

(1) II, 136, 137.
(2) III, 77, 78.
(3) *Yaçna*, ch. I, § 1.
(4) III, 209.
(5) II, 146, 447.
(6) III, 383, 395.
(7) *Yaçna* XIV, § 1.
(8) XXXI, § 8.
(9) Rig, I, 37.
(10) Rig, I, 320. — Yaçna, p. 403 et suiv.
(11) Rig, IV, 390. — Gathas, 44, § 1.

La demeure du dieu suprême, considérée comme devant être le séjour des hommes de bien après leur mort, reçoit chez les Persans le nom de Béhescht « *la demeure excellente* » (*vahista*, excellent, *ahu*, monde.). M. Burnouf retrouve dans ce mot le nom de *Vasichtha*, l'un des anciens sages ou *Richis*, fréquemment cité dans les Védas. « *Vasichtha* joue un rôle important dans les croyances indiennes, il y occupe une place élevée parmi les êtres divinisés, et tout porte à croire que les notions qui lui sont relatives remontent à la plus ancienne religion des Ariens, puisque son nom, inintelligible dans l'état actuel de la langue sanscrite, ne peut s'expliquer que la connaissance de radicaux anciens conservés par la langue zende. Ce saint personnage, transformé par la tradition en habitation d'Ormuzd et des bienheureux, offre un exemple remarquable des vicissitudes par lesquelles peut passer un même mythe, et en même temps, de la manière dont les titres, formés primitivement de simples adjectifs, finissent par donner naissance à des noms propres que la tradition recueille, et dont l'ignorance oublie bientôt la valeur première (1). »

Indra, dans les Védas, est souvent confondu avec l'éther lumineux, avec le soleil, et reçoit fréquemment le même culte et les mêmes épithètes. Les rapports entre ces deux divinités paraissent avoir été à une certaine époque fort étroits, et leur analogie bien intime, puisque, lors de la diffusion des croyances mazdéennes dans le monde romain, *Mithra*, le dieu soleil, fut considéré le plus souvent comme le dieu supérieur, et sembla effacer *Ahoura*, dont il n'est que l'un des assistants, des aides, d'après les livres de Zoroastre (2). L'origine première de cette confusion, de cette assimilation des deux divinités, doit être peut-être rapportée au passage du Yaçna, dans lequel elles sont invoquées collectivement et sous les mêmes attributs : « Je

---

(1) YAÇNA, p. 130. — NÈVE, *Études sur le Rig-Véda*, p. 16
(2) ANQUETIL, *Mém. sur la religion des Perses*

célèbre, j'invoque *Ahoura* et *Mithra*, élevés, immortels, purs. (1). »

En parcourant les hymnes dans lesquels le rôle du dieu suprême est attribué à quelqu'un des Dévas autre qu'Indra, nous trouvons toujours que les attributs donnés par les poëtes à ces divinités ne diffèrent nullement de ceux accordés par les livres perses à leur dieu supérieur, et ne supposent nullement une conception différente de la divinité. Ainsi de même qu'*Ahoura* est appelé *Mazda* (*multum sciens*), *sage* ou *savant*, Agni et la plupart des autres Dévas sont qualifiés de *Vhédas*, les *sages*, les *intelligents*. « Ce dieu sage, est-il dit en parlant d'Agni,
» donne à celui qui l'alimente, la connaissance de toute la na-
» ture (2). »

« Agni, dit ailleurs le chantre védique, est le maître
» d'une félicité pleine de grandeur et de force, le maître de l'o-
» pulence et de la puissance (4). » De même, « Ahoura peut seul
» accorder à ses adorateurs la richesse dont il est le premier
» possesseur,..... les hommes sages reçoivent de lui non-seule-
» ment les biens terrestres, mais encore le bon sens et tous les
» biens spirituels,...... en lui seul se trouve le bonheur (3).
» Il accorde la richesse en récompense au croyant et il punit
» le trompeur et l'infidèle,...... il accorde tous les biens à ceux
» qui lui sont dévoués d'esprit et de cœur (5). »

L'identité de la conception divine chez les deux peuples se retrouve encore dans une foule de notions particulières et assez caractéristiques pour que leur existence simultanée dans l'une et l'autre religion ne puisse être rapportée qu'à une origine commune.

Ainsi le nom de plusieurs des Dévas védiques sert à la fois à désigner une divinité spéciale et une classe ou tribu de

---

(1) Yaçna, xxxix.
(2) i, 316, 348.
(3) ii, 14.
(4) *Gâthâs* i, 10 ; iii, 8, 11.
(5) xxx, § 8 ; xxxi, § 1.

dieux. Dans le premier cas, ce nom est employé au singulier ; dans le second, il est mis au pluriel. *Mithra* est le chef des *Mithras*, *Vasou*, celui des *Vasous*, les Richis *Vasichtha* et *Viçvamitra* sont les pères ou les représentants des Vasichthas et des Viçvamitras. Nous voyons de même dans l'Avesta le nom du dieu suprême, quelque bien définie et déterminée que soit son attribution, ne l'être pas encore assez, pour que ce même nom ne soit pas quelquefois employé à désigner, non plus un dieu spécial, mais bien l'ensemble des génies supérieurs. « Les *Ahouras-Mazdas*, disent les Gâthâs (c'est-à-dire les » génies célestes), sont les plus zélés et les vrais promoteurs de » de cette vie, » et ailleurs, « ceux que les Mazdas ne peuvent » faire jouir ici-bas de la plénitude de l'existence terrestre, se- » ront placés par eux (en compensation) dans la demeure du » Bon, Saint-Esprit (1). »

Une notion bien remarquable et commune aux deux cultes est celle qui représente les dieux comme exaltés, fortifiés ou même créés par les sacrifices, les hymnes sacrés, les actions de grâce des mortels : « L'hymne exalte et pousse à la vic- » toire Indra, le roi du monde, » disent les Védas (2). « La » divine libation mêlée au lait de vache a été répandue, en » elle est né Indra (3). »

Agni est l'enfant des ondes sacrées, des libations ; les hymnes lui donnent une force immense (4). Brahspati ou Brahmanaspati est, dans les hymnes védiques, la personnification même de cette conception ; c'est l'aide que reçoit Indra des invocations des mortels dans sa lutte contre le mal.

Dans les Gâthâs, Ahoura-Mazda déclare à son prophète, du sein des flammes, que, pour défendre les biens de ses serviteurs contre les attaques des ennemis, la dévotion et la piété (personnifiées dans Armaiti) lui sont indispensables, c'est-à-

---

(1) *Gâthâs* xxx, 9 ; xxxii, 15.
(2) iii, p. 74.
(3) iii, 60.
(4) ii, 103, § 12.

dire, que, dans sa lutte contre le mal, le dieu suprême ne peut triompher qu'avec l'assistance de la foi et des prières des fidèles (1).

La même idée se trouve nettement exprimée et développée dans le mythe de *Tachtri* ou Taschter. Cet astre bienfaisant livre sans cesse des combats aux Dévas méchants qui retiennent la pluie, et sa victoire ne peut être assurée que par les vœux, les sacrifices et les prières des mortels. De même, dans les Védas, Indra et Agni s'enivrent de Soma, et c'est grâce à la force qu'ils puisent dans cette sainte ivresse, que ces dieux peuvent combattre et vaincre Vrita, ravisseur de la pluie (2).

Indra s'accroît, s'augmente, se fortifie par le sacrifice; de même, Ahoura-Mazda dit à ses sectateurs : « Je suis nommé » *celui qui croît*, c'est-à-dire que je crois abondamment pour » les hommes vertueux (3). »

Les grands Dévas du védisme, les *Viswadévas* sont souvent considérés par les poëtes sacrés, non-seulement comme créés par le dieu supérieur, mais encore comme contenus, renfermés dans ce dieu, dont ils semblent n'être qu'une sorte d'émanation : « Vous aussi, sages Viswadévas, vous avez un grand et » beau nom ; car *vous êtes dans Indra* (4). » Nous avons déjà cité ci-dessus divers passages des Védas, qui représentent les Dévas non comme des dieux réels et distincts, mais comme des manifestations, des attributs, des formes d'Indra ou d'Agni. De même, dans la doctrine mazdéenne, *Ahoura* est envisagé comme « le premier principe qui a enfanté tous les génies, » toutes les intelligences célestes; la terre et l'âme de la terre » reposaient en lui ; *en lui repose, réside l'esprit*, la première » de toutes les choses créées ; en lui *se trouvent également* les » deux forces les plus puissantes du monde spirituel et du » monde matériel, *Haurvatat* et *Ameretat*, la prospérité et

---

(1) Haug, *Die Gâthâs*, Comment., ch. xxxii, § 1 et 2.
(2) i, p. 101,
(3) Zend-Avesta, ii, p. 147.
(4) ii, 83.

» l'immortalité, seules forces en vertu desquelles l'esprit, l'in-
» telligence, peut progresser chaque jour de plus en plus vers
» la vérité, et qui agissent en même temps sans relâche sur le
» monde physique, soutiennent la force vitale de la nature en-
» tière et agissent en particulier sur la végétation (1). »

Ameretat devint plus tard le génie qui préside aux arbres et aux plantes, à la végétation en général.

Les manifestations, les révélations de la divinité ont lieu dans les deux cultes de la même manière, s'opèrent dans des circonstances identiques : lorsque s'embrase le bûcher sacré et se consomment la libation et les sacrifices, alors Indra, suivi des autres divinités, vient s'asseoir sur le gazon au milieu de ses adorateurs ; alors Agni, Soma prennent un corps, apparaissent aux fidèles et font entendre leur voix du milieu des flammes révélatrices.

De même, selon les chants des Gâthâs, « les paroles véridi-
» ques d'Ahoura sont révélées par le feu pur et brillant qui ré-
» sulte du frottement du bois (2). » Les antiques prophètes de l'Iran et Zoroastre, le dernier et le plus illustre d'entre eux, s'adressent toujours à leurs disciples en présence d'un foyer ardent, dont l'embrasement, symbole et témoignage de la présence divine, est comme le médiateur entre le dieu et ses interprètes inspirés. C'est ce foyer étincelant qui révèle aux prophètes les glorieuses vérités qu'ils sont chargés de promulguer sur la terre (3).

La plupart des génies secondaires, à l'exemple de leur chef divin, agissent et se manifestent par les flammes. *Ameretat* et *Haurvatat* exercent leur action incessante en vertu d'un feu qui leur est propre et qui est analogue à celui d'*Ahoura-Mazda*.

L'esprit de la terre, pour lutter contre les forces destruc-

---

(1) *Gâthâs*, xxxi, § 6, 7, 8, 9. — xxx, § 1 ; — xxxiii, § 9
(2) *Gâthâs*, xxxi, § 19.
(3) xxxiii, § 9. — xxxii, § 14.

trices, contre les puissances malfaisantes qui l'assaillaient sans cesse, chercha un secours, une sauvegarde dans l'embrasement du feu terrestre, et fit jaillir de son sein les flammes protectrices (1).

(1) *Gâthâs*, xxx, iii, § 9. — xxx, ii, § 14.

CHAPITRE IV.

LES DIVINITÉS CÉLESTES DU SECOND ORDRE.

Chaque génie constitue dans la mythologie iranienne une conception distincte et nettement déterminée qui ne permet pas de la confondre avec les autres conceptions religieuses du même genre; il n'en est pas de même dans les Védas. Les Dévas du Rig se présentent tour à tour avec une forme, une nature, des attributs tellement semblables, qu'ils n'ont pas de personnalité distincte et que chacun d'eux semble réaliser l'ensemble, la totalité de la notion divine. Leurs noms mêmes se confondent comme leurs fonctions. C'est ainsi qu'*Indra* et *Agni* arrivent à ne former qu'une seule divinité, et à jouer un rôle parfaitement identique sous le nom d'*Indrâgni* (1).

Par suite de cette confusion, quelque identiques que soient les dieux du mazdéisme avec ceux du védisme, il est souvent difficile de signaler au juste les analogues dans les deux cultes. De même que le dieu suprême, l'*Ahoura* de Zoroastre peut être tour à tour rapproché d'Indra, d'Agni, de Varouna, ainsi les divinités secondaires, les *Amschaspands*, les *Izeds*, aides et assesseurs d'*Ahoura* dans l'œuvre de la création et du gouver-

(1) Nève, *Du mythe des Ribhavas*, p. 27.

nement du monde, peuvent être assimilés, soit aux *Richis* des Védas qui assistent Agni lors de la création du monde, soit aux Angiras avec le concours desquels Indra découvre le soleil caché dans le sein des eaux et, saisissant cet astre de sa main droite, le place dans le firmament (1), soit à quelques autres divinités du panthéon védique, telles que les Marouts, les Vasous, les Adityas, les Ribbhous (2), les Mitras (3), les Viswadévas, etc.

Le dieu supérieur, tantôt Indra, tantôt Agni, tantôt un autre déva placé au premier rang, a créé ces divinités secondaires, les dirige, les soutient, leur impose ses volontés : « Indra, » maître des Vasous, tu commandes aux Vasous ; maître des » Mitras, tu soutiens les Mitras ; entends-toi avec les Marouts » et viens selon l'usage goûter nos holocaustes (4). »

Les Amschaspands, les Izeds et tous les génies secondaires habitants du royaume céleste ou terrestre d'Ahoura-Mazda, sont de même, selon Zoroastre, des créations du Dieu suprême, qui les commande, les dirige et marche à leur tête contre les génies du mal (5).

Les Marouts des Védas, personnifications des vents, sont des dieux rapides, chargés de belles armes et de magnifiques ornements ; dans leurs mains brillent des cimeterres, des arcs, de riches armures protégent leurs membres (6) ; couverts d'yeux innombrables, ils sont les divins gardiens du monde (7) ; leurs yeux toujours ouverts ne succombent jamais au sommeil (8).

Les génies célestes des Perses, les Amschaspands, les Izeds, les Ferouers sont représentés sous la même forme et par des

(1) Rig, ii, 58.
(2) iii, 105.
(3) i, 403.
(4) i, 403, 426.
(5) Burnouf, *Comment. du Façna*, p. 571.
(6) Rig, iii, 110, 270.
(7) i, 494.
(8) i, 498.

images analogues. Mithra, chef des Izeds, est un guerrier fort et redoutable, un soldat élevé qui monte un coursier rapide; il est le plus brillant des héros, le plus héroïque et le plus resplendissant des vainqueurs; ses dix mille yeux embrassent l'univers de leurs regards étincelants (1).

Ainsi qu'on l'a remarqué, les Marouts, qui forment sept divisions composées chacune de sept personnages divins, ont fourni le type de la hiérarchie angélique mazdéenne, adoptée plus tard en Occident (2).

De toutes les divinités védiques ce sont peut être les Adityas qui offrent le plus grand nombre d'analogies avec les Amschaspands, les plus élevés des dieux secondaires du zoroastrisme.

Les Adityas, comme les Amschaspands, sont les premières divinités, les *dii majores* après le dieu supérieur. Ces deux classes de divinités furent, à une certaine époque, composées chacune de sept membres; plus tard, le nombre des Adityas fut porté à douze par analogie avec les douze formes solaires qu'ils réprésentaient.

Les Adityas sont généralement considérés comme fils de la terre ou d'Aditi, mais il n'en avait pas toujours été ainsi, et cette conception naturaliste paraît avoir été précédée d'une autre plus ancienne et plus en rapport avec l'idée mazdéenne sur la nature des dieux du second ordre. M. Langlois nous apprend, en effet, dans sa traduction du Harivamsa, que les Adityas, qui, dans l'origine ou du moins dans un âge antérieur, s'appelaient *Tuchita* (de *su* ou *chu*, produit) se réunirent pour renaître dans l'âge suivant d'une mère de leur choix et devinrent ainsi enfants d'Aditi.

Dans cette tradition antérieure, les dieux secondaires ou *Tuchitas* étaient sans doute considérés soit comme des *produits* directs du dieu suprême (on peut le conclure de l'étymologie de leur nom), soit comme des dieux créateurs, producteurs en

---

(1) LANGLOIS, *Mémoire sur le Soma*
(2) RIG-VÉDA, I, p. 585, note.

général, analogues aux *Ahouras*, aux *Mazdas*, aux *Cavis* et aux autres génies de l'antique religion des Ariens. La tradition plus récente qui les faisait fils de la terre ou de la nature, dut prendre naissance avec le naturalisme ou culte des Dévas, et c'est par un développement de cette deuxième conception que ces dieux furent plus tard assimilés aux douze formes solaires.

Du reste, malgré la filiation terrestre et matérielle qu'on leur attribuait, les Adityas conservèrent toujours leur caractère élevé de dieux célestes et, sous ce rapport, ils étaient considérés comme supérieurs à tous les autres Dévas, Indra excepté.

Le naturalisme donna aux dieux secondaires des noms empruntés aux diverses modifications de la lumière solaire; tels que *Varouna*, *Bagha*, *Pouchan*, *Mitra*, *Aryaman*. Le culte plus spiritualiste des tribus iraniennes personnifia dans ces divinités les vertus, les perfections divines : la bienveillance, *Bahman*; la vérité, *Ardibehescht*; l'équité, *Shariver*; la soumission, *Sapandomad*; la force productrice et l'immortalité, *Khordad* et *Amerdad*, furent les *Amschaspands*, c'est-à-dire les « Immortels excellents, » les dieux les plus vénérés de la religion des Perses après le dieu suprême.

Toutefois, si deux tendances opposées, la tendance naturaliste d'un côté, la tendance spiritualiste de l'autre, dominent dans les deux cultes, elles n'y dominent pas d'une manière absolue et exclusive : les attributs moraux ne manquent pas plus aux dieux matériels des Védas que les attributs physiques aux Amschaspands spirituels de l'Avesta.

Ainsi les Adityas sont, comme les dieux de la Perse, *purs et saints* (1). Ce sont des *dieux adorables, dignes de nos hommages et de nos chants* (2); des divinités *sages, puissantes et généreuses* (3). Ils *ouvrent la voie à l'immortalité* (4). Ils sont

(1) Zend-Avest., I, ii, p. 129, 130.
(2) Rig, i, 23.
(3) i, 78, 79, 87.
(4) i, 140.

saints, irréprochables, invincibles. Ces attributs moraux des Adityas sont, pour la plupart, ceux mêmes qui ont été divinisés dans la création des Amschaspands. Les génies de la Perse peuvent, eux aussi, sous plusieurs rapports, être considérés comme des représentations de certains principes matériels, de certaines forces physiques ; ils ont du moins, chacun dans ses attributions, le soin de quelques-unes des parties de la création terrestre : *Bahman* est chargé du soin des bestiaux, *Ardibehescht*, de celui du feu ; *Shariver* préside aux métaux, *Sapandomad*, à la terre, *Khordad* à l'eau, *Amerdad* aux arbres et aux plantes, à la végétation en général (1).

Ces attributions relatives à la vie matérielle ne furent point, comme on l'a affirmé, données à ces divinités à une époque postérieure ; elles ont été successivement mieux déterminées et plus nettement définies, mais, dès l'époque des Gâthâs, nous voyons *Armaiti* (*Sapandomad*, l'âme de la terre et le dévouement) créant elle-même le monde des corps et venant au secours de la vie terrestre (2). Il est dit ailleurs que les génies supérieurs, les *Mazdas, peuvent faire jouir l'homme juste de la pleine possession de la vie terrestre* (3). De là à leur attribuer une action déterminée sur les diverses parties de la création, il n'y a qu'un pas ; aussi le Vendidad déclare-t-il que les Amschaspands sont « *des rois germes des eaux,* » c'est-à-dire de la fécondité qui résulte de l'élément humide, « *ils sont les maîtres de la création* et *les protecteurs de ses diverses parties* (4). » On pourrait presque dire d'eux, comme des Adityas, qu'ils *constituent le monde* (5).

La conclusion de ces observations, c'est qu'un double élément, l'élément naturaliste et l'élément spiritualiste, a dû présider dans l'origine à la réalisation de la conception divine

---

(1) Zend-Avesta., II, 32
(2) xxx, 7
(3) Gathas, xxxii, § 15
(4) Vendidad, 1, II, p. 14, 8
(5) Rig, I, 495

chez les Ariens. Plus tard, par suite de la différence de génie des diverses tribus, le premier de ces éléments a dominé chez les unes et a enfanté le védisme ; l'élément spiritualiste, chez les autres, a produit le mazdéisme. Les Dévas et les Amschaspands émanent d'une seule et même notion présentée sous deux aspects différents. Énonçons encore quelques-uns des nombreux rapports qui se retrouvent entre ces deux classes de divinités.

« Les Amschaspands, ces rois justes et généreux, nous délivrent de tous les Daévas et des maux qu'ils produisent, de l'armée ennemie (1). » De même, « les Adityas nous délivrent des Rakchasas, ils éloignent la maladie, l'ennemi, le méchant, et nous affranchissent du mal (2). »

Les Amschaspands viennent à la prière des mortels, pour le salut des fidèles, et les défendent contre le mal (3). Les Adityas, eux aussi, sont appelés *sauveurs*, ils délivrent le pécheur de son péché, ce sont des protecteurs invincibles, qui se plaisent à nous conduire au bonheur ; disposés par l'hymne et la prière en faveur des mortels, ils déracinent la haine, le mal, le péché (4).

Divers savants ont cru voir dans les génies supérieurs des Perses, comme dans les Adityas, des personnifications de la lumière céleste (5). Ce qui est certain, c'est que ces génies, étant toujours représentés sous une forme lumineuse, peuvent, sous certains rapports, être rapprochés des personnifications solaires, comme *Ahoura* lui-même l'est du soleil ; mais leurs noms et leurs principaux attributs établissent clairement leur origine morale et nullement naturaliste. Il n'en est pas de même de quelques autres divinités qui jouent un rôle important dans la religion de la Perse. Ainsi le caractère solaire de Mithra,

---

(1) VENDIDAD, II, 162.
(2) RIG, III, 262, 263.
(3) *Gâthâs*, XXVIII, 4.
(4) RIG, III, 262, 263, 389.
(5) LANGLOIS, *Rig* II, 247, note

selon la remarque de M. Burnouf, se reconnaît, entre autres signes, à sa vertu fertilisant les terres incultes et multipliant les troupeaux de bœufs, ainsi qu'à ses dix mille yeux ; mais il y a lieu de croire que Mithra ne figure pas parmi les antiques divinités énoncées par les Gâthâs (1).

Au-dessous des Amschaspands apparaissent dans le culte de Zoroastre les *Izeds* et les *Férouers*. Le nom d'ized est un titre générique donné à tous les génies « dignes du sacrifice, » à Ahoura, aux Amschaspands eux-mêmes ; pris dans cette acception, il a une signification analogue à celle de Déva chez les Indiens. Dans un sens plus restreint et plus spécial, Ized désigne une classe de génies distincts des Amschaspands et inférieurs à ces génies célestes du second ordre. Les *Férouers* sont les dieux mânes, les *Pitris* du Véda.

Parmi les Izeds de la Perse, un grand nombre se retrouvent dans les Védas sous le même nom et avec des attributs analogues. Tels sont *Mithra* ou *Mitra*, *Hôma* ou *Soma*, *Yamu* ou *Yima*, *Traitana* ou *Trita*, *Taschter* ou *Twachtri*. Leur analogie établit, à n'en pas douter, l'identité primitive des deux cultes.

Ahoura et les Amschaspands sont les dieux célestes par excellence de la religion iranienne ; parmi les Izeds, nous trouverons les dieux terrestres et les dieux intermédiaires entre le soleil et la terre, entre le monde des corps et celui des esprits.

(1) Burnouf, *Yaçna*, p. 209.

CHAPITRE V

DIVINITÉS TERRESTRES.

1. — *La Terre*

Aditi, dans les Védas, c'est la terre, ou, pour mieux dire, la nature entière. Elle est invoquée comme la mère des dieux, comme celle qui donne le bonheur (1). C'est une déesse-nature, née probablement d'une personnification de l'œuvre de la création prise dans son ensemble, et qui peut se décomposer, en quelque sorte, en deux divinités, le *Ciel* et la *Terre*, puissances toujours unies et presque toujours invoquées à la fois sous les noms de *Rodasi* ou de *Dyâvâprĭthivî*. « Père et mère » des êtres, dit M. Nève, ils veillent au salut de tout ce qui » respire. — L'opposition que le magisme a toujours établie » entre la terre et le ciel, comme entre le mal et le bien, » n'apparaît pas dans les invocations des poëtes védiques (2). »

Cette opposition, dont parle M. Nève et qui a pu se produire dans la suite du développement de la doctrine mazdéenne, n'existe pas dans les plus anciennes parties des écrits religieux de la Perse. La terre, loin d'y être rapprochée du mal, y est sans cesse présentée comme une des parties les plus

(1) Rig, iii, 23, 24
(2) *Essai sur le mythe des Ribhavas*, p 18

excellentes de la création, et l'âme de la terre, *Armaiti*, y devient un des principaux génies célestes. Dès le début des Gâthâs, dans un fragment que M. Martin Haug croit antérieur à Zoroastre, le chantre sacré demande à *Ahoura* « la vie terrestre et la vie spirituelle » (1). Cette vie terrestre est souvent appelée « *un présent précieux d'Ahoura*, » et les deux modes d'existence sont constamment rapprochés et glorifiés dans les actions de grâces. Il en est de même de la *possession terrestre* et de la *possession spirituelle*, du *vrai*, et du *réel* : « Vérité, accorde-nous avec le bon sens, la possession qui procure le bien-être et le plaisir! » « Dois-je maintenant glorifier la vérité, le bon sens, la possession (2) ? » Dans ces passages, on le voit, les biens temporels et les biens éternels, les richesses de la terre et celles du ciel, sont présentés comme également dignes de la sollicitude des croyants et d'*Ahoura*.

Ailleurs, les génies ou esprits du mal et des ténèbres attaquent ces deux ordres de création, ces deux vies corrélatives, également célébrées par les prophètes. *Armaiti* (l'âme de la terre), la créatrice du monde des corps, vient au secours de la vie terrestre avec la *vérité* et le *bon sens*, afin de repousser loin d'elle les attaques du mal.

Ahoura-Mazda pour récompenser l'homme juste et sage lui accorde la *possession terrestre* et le *bon sens* (3). La prospérité, la richesse, la puissance, la possession sont l'objet constant des prières et des vœux du perse, comme de l'indien védique; seulement, dans les hymnes iraniens, les biens spirituels, le bon sens, la vérité, la pureté, sont peut être sollicités avec plus d'instances que dans ceux des Védas.

L'opposition entre le ciel et la terre, dont parle M. Nève, n'a donc dû se manifester que postérieurement dans le culte des Iraniens, et cela par suite d'une tendance mystique analogue à celle qui a engagé certaines sectes chrétiennes ou autres

(1) GATHAS, I, § 3.
(2) GATHAS, XXVIII, § 12. XXIX, §§ 10, 11
(3) GATHAS, XXX, §§ 6, 7, 8

à mépriser les biens temporels et à assimiler au principe mauvais tout ce qui se rattache à la terre.

C'est sous le nom d'*Armaiti* que la *Sainte Terre* est célébrée dans les Gâthâs. Selon M. Martin Haug, Armaiti serait à la fois la personnification de la piété, du dévouement, et celle du génie de la terre (1). Cette assimilation de la terre et du dévouement peut avoir son origine dans les sentiments de reconnaissance et d'attachement profond inspirés aux hommes par tous les bienfaits de la terre, qui se laisse déchirer par le soc de la charrue, qui se dévoue au martyre pour prodiguer à ses enfants la richesse et l'abondance. C'est dans les mêmes sentiments d'espoir et de reconnaissance que les hymnes védiques répètent si souvent cette formule d'invocation : « *O divine et bonne Aditi, je t'appelle à mon secours* (2). » Le chantre des Gâthâs dit de même : « *Armaiti, toi qui nous défends du mal, viens à ma prière, viens pour mon salut* (3). » La terre était appelée en Italie la *Bonne Déesse*. C'est peut-être à cause des souffrances qu'est censée endurer la terre entr'ouverte par le fer du laboureur (*durus arator*), et par un sentiment de commisération pour ces souffrances, que les prêtres des Cabires appelaient la terre *Derc-ith* ou la pauvre *Ith*, mot qui rappelle à la fois la *Derceto* syrienne et l'*Ad-Iti* des Védas (4).

Armaiti, sous le nom de *Sapandomad* ou d'*Espendarmad*, devint dans la hiérarchie mazdéenne le cinquième amschaspand. Son nom (Çpenta-Armat) « l'excellente soumise » rappelle des idées de dévouement et de libéralité. C'était l'ized ou le génie de la terre. Nériosengh l'appelle la *maîtresse de la terre*.

L'image la plus ordinaire sous laquelle les Védas représentent la terre est celle d'une vache : « Ne frappez pas cette

---

(1) Gathas, xxxi, § 9, xxviii, § 4.
(2) Rig, iii, 360.
(3) Gathas, xxviii, § 4
(4) A. Pictet, *Du culte des Cabires*, p 22

vache innocente surnommée Aditi » (1). C'est à cause de sa fécondité que la terre reçoit cette dénomination : la *Vache* ; c'est comme si l'on disait la *productrice*. En sanscrit, *gaus*, vache, a pour racine le verbe *gâ*, créer, produire. *Vache* dans le langage poëtique de ces époques antiques, c'est tout ce qui procure un avantage. On donne ce nom au sacrifice, à la prière, au nuage, à la libation, aux rayons du soleil (2). Les bestiaux, chez un peuple pasteur, constituent la principale source de la richesse et de l'opulence, leur nom désigne donc tout ce qui est bon et avantageux. C'est ainsi que le nom du bétail, *pecus*, a servi en Italie à désigner la fortune, l'argent, *pecunia*.

Dans les livres perses, la terre est personnifiée sous la même forme. *Geus urva*, *Goschoroun*, que Nériosengh appelle « le corps du taureau, l'âme du taureau, » est l'image de la terre féconde et productrice. C'est pour cela que dans les monuments mithriaques on voit le dieu égorger un taureau dont la queue est formée d'une touffe d'épis. C'est l'emblème de l'agriculture ouvrant le sein de la terre pour le féconder (3).

Comme le remarque M. Martin Haug, *Goschoroun* ne doit donc pas se traduire par le corps du taureau, l'âme du taureau, mais bien par *l'âme de la terre*. Ce sens résulte, en effet, de tous les passages des Gâthâs dans lesquels ce terme est employé. Il n'y a pas un seul endroit où l'on puisse prendre *Gâo*, *geus* dans le sens de *vache* ou de *taureau*. *Geus urva* reçoit l'épithète d'*Azi*, l'immortelle, qui ne convient pas à une vache, mais bien à la terre ; elle doit être *travaillée*, *cultivée*, ce qui peut bien se dire de la terre, mais non d'une vache ; au chap. XXXIII, il est question des *champs* de *Geus*, c'est-à-dire des champs de la terre, et au chap. XXXII, *Geus* est nommé à côté de *Hvare*, le soleil, le ciel, dans un passage qu'il faut nécessairement traduire en ces termes : « Qu'il ne trouble pas nos révélations, l'impie qui remplit de ses méfaits la terre et le soleil (4). »

(1) Rig, III, 23.
(2) Rig, I, 249, n° 36.
(3) Creuzer, Symb., I 356
(4) Gathas xxix 5 xliv, 6 xxxii, 8 14, xxxiii 1 xxxii 10.

La confusion de ces deux expressions vache et terre s'explique assez aisément si l'on considère que *gâo* était le nom ancien de la vache et de la terre. Sans doute il y avait pour désigner habituellement la terre une autre expression, celle de *zâo* ; mais *gâo* était son nom mythologique, celui sous lequel elle était personnifiée en tant qu'être vivant et ayant une existence distincte. Cette même notion se retrouve dans les Védas, dans le mythe des Ribhous ou Ribhavas qui partagent la *Vache*, c'est-à-dire la *Terre*. *Geus urva* est donc l'âme de la terre, c'est-à-dire la force vitale et créatrice dont la terre est pénétrée ; de là vient que, dans le langage moderne de la Perse, le mot *gewher*, altération de *Geus urva*, a la signification de nature, d'origine (1).

L'adoration de cette âme de la terre, dont on ne trouve pas encore de traces bien distinctes dans les Védas, me paraît avoir dû naître avec l'établissement de l'agriculture, art dont les tribus iraniennes semblent avoir été les premières en pleine possession dans l'ancienne Arie, et que recommandent sans cesse Zoroastre et ses disciples ; mais cette notion de l'âme de la terre paraît à M. Martin Haug avoir été certainement antérieure à Zoroastre, puisque le mythe en lui-même est bien éloigné des conceptions zoroastriennes et a peut-être même été écarté par ce réformateur.

Armaiti, dans les Gâthâs, est représentée comme la créatrice du monde des corps et comme la protectrice de la vie terrestre, tandis qu'*Ahoura* avait créé antérieurement le monde des esprits dont il se réservait spécialement la protection :
« *Armaiti* vint au secours de cette vie terrestre avec le pouvoir
» terrestre (*Shariver*), la vérité (*Ardibehescht*) et le Bon Esprit
» (*Bahman*) ; elle, l'immortelle, créa le monde des corps, mais
» l'esprit réside en toi, *Mazda*, dans le temps la première des
» choses créées (2). »

De même dans les Védas, *Aditi*, unie au ciel, a enfanté tout

---

(1) Martin Haug, p. 17
(2) Gathas, xxx, 1 7

ce qui existe, elle est la mère des dieux ; l'arya implore d'elle tous les biens, la prospérité, la force, une longue vie, une heureuse vieillesse. Assistée des Dévas, elle protége les mortels, elle les défend contre le mal. De même que dans l'Avesta, la terre est qualifiée d'immortelle dans les Védas ; unie au ciel, elle forme un « *couple immortel* ». « Aditi, c'est ce qui est né et ce qui naîtra (1). »

La terre profonde, souterraine, considérée comme le réceptacle des morts, est parfois personnifiée également dans *Aditi*. « *Retourner dans le sein d'Aditi*, » c'est mourir, c'est descendre dans la tombe et se confondre avec les éléments ; mais la terre envisagée sous cet aspect est spécialement déifiée dans le *Yama* védique, roi des mânes (*Pitris*) et juge des morts, type à la fois de la terre et de la mort.

Selon la remarque de M. Maury, ce personnage rappelle à la fois le *Kronos* et l'*Hadès* ou le *Pluton* des Grecs. Comme Pluton, il est le roi des morts ; comme Kronos, roi des Iles fortunées, il régnait sur un royaume de bonheur et de lumière.

Selon les Mazdéens, qui l'appellent *Yima*, il a recueilli, à l'origine des choses, dans un parc immense toutes les créatures pures et les y gouverne à l'abri des coups d'*Ahriman*. Sous son règne, les mâles des troupeaux sont affranchis de la mort, il n'y a plus de sécheresse, les aliments sont inépuisables. « Yima, disent les Gâthâs, rendit les hommes heureux par ses dons et combla de sa lumière les parties de la terre que nous habitons (2). »

D'après le Yaçna, *Yima*, fils de *Vivanghao*, est le premier des mortels auquel *Ahoura-Mazda* fit connaître sa loi, en le chargeant de la répandre sur la terre. M. Roth part de cette tradition pour supposer que le mythe de Yama, tel que nous le présente le Rig-Véda, a succédé à une légende plus ancienne qui faisait de *Yama* ou Yima et de *Yami*, son épouse, le couple humain primordial. Yama serait alors le premier qui aurait payé

(1) Rig, i, 169-426, ii, 23, 24, i, 428, 169.
(2) Yaçna, ix, 13, 17, 20 — Gathas, xxxii, 18.

le tribut à la mort et qui serait allé dans le séjour des âmes, dont il est devenu le roi. Un hymne du Rig-Véda nous offre entre Yama et sa sœur Yami un dialogue dont certains passages rappellent le mythe d'Ève voulant séduire Adam (1).

M. Langlois combat l'opinion de M. Roth. Il me paraît cependant que les Védas offrent des traces certaines de la notion d'après laquelle Yama est le premier des hommes auquel ait été révélée la loi divine, et que, sur ce point encore, les traditions védiques et mazdéennes sont en parfait accord. Contentons-nous de rappeler ici les passages suivants :

« Le fils de Vivaswan, le royal *Yama*, traverse les grands
» abîmes, il est la voie et le rendez-vous des nations. »

« *Yama*, le premier, nous indique la route que nous suivons
» tous infailliblement (2). »

M. E. Burnouf, dans ses études sur la langue et les textes zends, a parfaitement démontré que le *Yima* perse était le *Djemschid* de la tradition postérieure. Il résulte de ses travaux que trois des noms les plus fameux mentionnés dans le Scha-named, *Jemschid*, *Féridun* et *Gurshap*, appartiennent à trois héros mentionnés dans l'Avesta comme les représentants de trois divinités ou de trois générations primitives de l'humanité : *Yima*, *Thraetâna* et *Keres'aspa*, et que les prototypes de ces mythes doivent être cherchés dans les *Yama*, *Trita* et *Krisasva* des Védas. En effet, de même qu'en sanscrit le père de *Yama* est *Vivasvat*, ainsi, dans les textes zends, *Yima* est issu de *Vivanghat*. Le père du Thraetâna perse est *Athwya*, et le nom patronymique du *Trita* védique est *Aptya*. Le savant linguiste explique la transformation de *Thruetâna* en *Féridun* en montrant que la forme pehlevi du mot, tel que l'a donnée Nériosengh, est *Phredun*. Roth, Benfey et Weber, poursuivant ces rapprochements, ont depuis signalé de nouveaux traits de ressemblance entre ces héros védiques et ceux de l'Avesta. Leurs

(1) Rig, iv. 232.
(2) Rig, iv, p. 151

savants travaux mettent hors de doute l'analogie complète de ces divers personnages mythologiques.

Considéré comme juge des morts, Yama joue le rôle de l'Hadès ou Pluton des Grecs ; quelquefois même, sous le nom de *Mrityou*, il devient la mort personnifiée (1). Dans cette dernière acception, il est considéré comme le roi des mânes, appelés dans l'Inde *Pitris*, chez les Perses *Férouers* ou *Fravashis*.

Ces derniers personnages ou génies divins nous apparaissent sous un double aspect qu'il importe de spécifier ; ils sont non-seulement les mânes des ancêtres, mais encore les prototypes de toutes les créatures, de tous les êtres intelligents, soit divins, soit humains.

En ce qui concerne les Férouers du mazdéisme, ces deux caractères ne sauraient être contestés : « Le férouer, dit M. Burnouf, est le type divin de chacun des êtres doués d'intelligence, son idée dans la pensée d'Ormuzd, le génie supérieur qui l'inspire et veille sur lui. On voit dans les anciens monuments de Persépolis l'image sensible de cette idée dans la figure même du férouer qui se tient toujours au-dessus de celle du roi, s'élève et *croît* pour ainsi dire au-dessus de lui, en le représentant, dans la région supérieure, tel qu'il existe dans la région inférieure (2).

M. Spiégel pense également que l'on doit entendre par Férouers les âmes des morts, aussi bien que celles des hommes encore à naître, âmes, qui, du moins d'après les opinions postérieures des Parses, ont été créées par Dieu dès l'origine des choses et descendent successivement sur la terre. Elles retournent ensuite à *Ahoura-Mazda* et, se tenant devant son trône, elles intercèdent auprès de lui pour le salut des mortels (3).

Les Pitris des Védas, comme les Férouers de la Perse, sont des génies « exempts de colère, parfaitement purs, toujours chastes comme des novices, ayant déposé les armes, doués des

---

(1) Rig-Véda, iv, 161
(2) Yaçna, p. 260.
(3) Spiégel-Avesta, ii, p. 15

plus éminentes qualités (1) ». Ils se rapprochent des divinités ou même se confondent avec elles, et, à ce titre, ils méritent les prières, les dons et les offrandes des mortels : « Les sacrifices faits par ceux qui entretiennent le feu perpétuel à la nouvelle et à la pleine lune, sont pour les Dévas et les Pitris. Les dieux sont des Pitris et, à cause de cela, les Pitris sont des dieux confondus en une seule nature, ils se montrent dans leur individualité aux jours de fêtes qui leur sont propres (2). »

Les Dévas védiques, aussi bien qu'Ahoura, les Amschaspands et les Izeds, ont leur type dans ces personnages divins dont ils sont descendus et qu'on honore comme les ancêtres des dieux. Les Pitris *Agnichwattas* sont honorés dans les hymnes védiques comme les ancêtres des Dévas, et reçoivent des sacrifices spéciaux (3).

« Les Pitris sont nés avant les dieux » dit expressément la loi de Manou (4).

Enfin, comme les Férouers, les Pitris sont les anges gardiens, les protecteurs fidèles et vigilants de l'homme de bien.

« Que les Pitris me protégent dans le sacrifice ! » s'écrie le poète védique (5). « Les Pitris gardiens des hommes, » tel est le titre qui est donné plus d'une fois à ces génies tutélaires.

Il est difficile d'admettre que la doctrine assez compliquée des Pitris et des Férouers ait apparu tout d'abord aux Ariens sous tous les divers aspects que nous venons d'examiner. Elle a dû se développer successivement avec les théologies indienne et iranienne. Aussi trouvons-nous dans les lois de Manou, par exemple, la notion des Pitris, leurs fonctions, leurs classes diverses, les honneurs qui leur sont dus, bien mieux spécifiés et plus nettement déterminés que dans les chants du Rig.

---

(1) Lois de Manou, iii, 195.
(2) Mahabharata, trad. de Th. Pavie.
(3) Rig, i, p. 288.
(4) iii. ⸸ 195.
(5) Rig, ii, 488.

Quant au mythe des Férouers, si richement exposé et développé dans la mythologie postérieure de la Perse, il nous apparaît sous sa forme la plus simple dans les Gâthâs, sous la forme des *Urvâno*, esprits ou génies tutélaires, envoyés par le Bon-Esprit pour éclairer et protéger les mortels : « Quel bon génie tutélaire (Urva), s'écrie l'un des prophètes iraniens, pourra se montrer à moi pour me rappeler la vraie doctrine, la prospérité promise par le Bon-Esprit, et tous les vrais biens de la vie, qui sont faits pour être possédés : puisse ce génie se manifester à moi (1). »

Dans les *Urvâno*, sans doute l'une des classes des bons génies *Ahouras* ou *Mazdas*, se trouve le premier germe du mythe des *Fravashis* ou *Férouers*. Observons ici que ces expressions ont la même racine que *Phraortes*, gardien, d'où sont sans doute dérivés également *Phrédun* et *Féridun*.

II. — *L'Eau.*

Les eaux, dans tous les cultes des populations issues de la race arienne, figurent au nombre des divinités terrestres; elles sont invoquées dans les Védas comme des déesses salutaires et curatives, comme augmentant la force des héros, comme utiles aux sacrifices, comme purifiant de toute souillure, comme les mères des êtres, etc. (2).

Dans le iescht de l'eau des livres zends, l'eau est de même qualifiée de pure, de bienfaisante, de secourable, de douce, de couleur d'or, de transparente; c'est une sainte reine, fille d'Ormuzd, amour du Dieu suprême, donnée pour le bien de la nature et pour la destruction des êtres impurs (3).

Les Indiens, comme les Perses, placent la source de toutes les eaux sur une montagne céleste, séjour de la divinité.

(1) GATHAS, XLIV, 18.
(2) RIG, IV, p. 423 Id III, 99, 101 — Id. I, 39, 38.
(3) ZEND AVESTA, trad. d'Anquetil.

L'*Albordi* des Perses correspond parfaitement au *Mérou* des Indous (1); de même que la tradition de ceux-ci divisait la terre en sept *Dwipas* ou îles, de même les livres zends et pehlvis reconnaissent sept contrées groupées également autour du sommet divin. De la source divine *Ardaoisour*, située au sommet de l'Albordi et au pied du trône d'Ormuzd, découlent tous les fleuves, toutes les rivières, toutes les eaux qui arrosent la terre (2).

Les Ariens considéraient l'eau comme l'un des éléments primitifs de l'univers, et ils avaient consigné cette croyance dans leurs livres sacrés (3), longtemps avant que, dans la cosmogonie qui sert de début au livre de Manou, les eaux fussent décrites comme la première création de Brahma, qui est dit : « *se mouvant sur les eaux* » (Nârâyana). La goutte de soma personnifiée recevait elle-même le nom d'*Indou*, et était considérée comme l'un des principes créateurs de tous les êtres. Les deux noms d'Indou et de Soma désignent ordinairement, dans les commentaires des lois de Manou, *Tchandra*, dieu de la lune, le même que *Taschter* des Perses (4). Dans toutes les anciennes cosmogonies, la lune représente de même le principe féminin et humide. Chez les Perses, l'*Albordi*, la source de toutes les eaux, est également assimilée au principe femelle. Nériosengh l'appelle l'*ized des femmes*, dénomination qui se rapporte évidemment à la notion exprimée à chaque page du Zend-Avesta, que l'eau est le grand principe fécondant de la nature. Ainsi que le remarque M. E. Burnouf, la montagne qui la renferme et qui est un objet de culte, peut être appelée le *Génie des femmes* dans une religion où chacun des êtres qui composent l'univers visible a son type et son génie dans le monde supérieur (5). Les *Apsaras* ou nymphes des Védas,

---

(1) Rig, I, 28. — Nève, *Ribhavas*. — E. Burnouf, *Yaçna*.

(2) Creuzer, I, 702, note. — Les Védas parlent de 6 mondes ; les Gâthâs, de 6 régions. Rig, I, 389. — Gathas, xxix, § 7.

(3) Vendidad, p. 386, n° 2, 344, n° 1. — Iescht/ Sadès, xx, 97, 78.

(4) Manou, p. 86, n° 4.

(5) E. Burnouf, *Yaçna*.

analogues aux nymphes grecques, compagnes d'Aphrodite, et comme celles-ci pleines de grâce, de jeunesse et de beauté, dérivent de cette assimilation du principe humide au principe féminin (1).

Le *Soma* ou *Sindhou* des Védas, personnification masculine du principe humide, représenté par la libation, est devenu le *Hendu* des textes zends, le *Hidhus* des inscriptions monumentales de Persépolis, l'*Indus* de la géographie européenne. C'est le nom du fleuve par excellence, du fleuve sacré sur les bords duquel se sont arrêtées longtemps les migrations des Ariens (2).

L'Indra védique lutte souvent pour la conquête des eaux; *Ahi*, le dragon vaincu par Indra, est appelé « *l'enfant des eaux assis dans les airs à la source des fleuves* (3); *Souchna*, un autre ennemi d'Indra, un allié des Asouras, est la personnification de la sécheresse. Dans les livres perses, *Taschter* combat, comme Indra, pour faire couler les eaux. Aidé par *Hom* (Soma) et par *Behram* (Vritahan), il terrasse le mauvais génie qui arrêtait l'eau, « la fille royale d'Ormuzd. » Toujours fort et saint, il distribue la pluie, donne les germes et les sucs, et chasse tous les maux (4).

Taschter, comme *Twachtri* ou *Vrichan* des Védas, est représenté sous la forme d'un taureau. Ses cornes figurent le croissant de la lune, astre qui préside à l'élément humide, ou bien peut-être font-elles allusion à l'impétuosité du taureau comparable à celle des flots. Dans la Grèce, les fleuves, l'Océan étaient de même symbolisés dans des divinités à cornes ou à tête de taureau. On les représentait aussi sous la forme d'un serpent analogue à l'Ahi védique.

Trita Aptya, personnage qui se retrouve dans les Védas et dans l'Avesta, est une autre personnification de l'élément hu-

(1) A. Maury, *Relig. de la Grèce*, I, p. 156 et s.
(2) Neve, *Ribhavas*, p. 20, 21.
(3) Rig, I, 56, 57-438; — II, 317
(4) Langlois : *Mém. sur le Soma*

mide analogue à Taschter ou à Twachtri. Son nom, selon les étymologistes, signifie *celui qui est né au milieu des eaux*. Les Tritons et l'Amphytrite de la mythologie grecque, de même que l'épithète de *Tritogénie*, donnée à Minerve chez les Minyens, dérivent du même ordre de conceptions et de la même racine que *Trita*, du sanscrit *Trit, Tri*, rive, rivage.

Trita, selon les Hindous, était le vainqueur d'un dragon monstrueux. La même tradition existait chez les Perses relativement à *Thraotaono*, qui, sous le nom de *Thrita*, était devenu l'Esculape des Mazdéens, le vainqueur de la fièvre brûlante, de la mort, infernales inventions du prince du mal (1). Sur les rapports de Mithra avec Trita, on peut voir Creuzer, I, p. 733, n° 4.

« Les eaux ne sont pas douées, dans l'esprit des poëtes védiques, du même degré de puissance qu'ils attribuent aux grands corps lumineux, aux antiques Dévas, mais elles paraissent avoir été associées dans de semblables invocations à tous les êtres dont l'homme enfant, le pasteur hindou, voyait l'espace peuplé autour de lui. Les eaux sont appelées à la suite des puissances célestes pour concourir au bien-être des habitants de la terre, elles communiquent la fécondité, donnent la force et rendent la santé à tous les êtres vivants (2). »

Dans le mazdéisme, les amschaspands *Khordad* et *Amerdad*, toujours unis dans les invocations, représentent le principe humide et fécondant. *Khordad* est souvent assimilé à l'eau (3). Selon Plutarque, le sixième amschaspand serait celui de la richesse, et cette désignation s'applique bien au principe humide, source de toute fécondité. Nériosengh appelle cet amschaspand « l'immortel, le maître des eaux, celui qui produit » tout, qui fait couler les eaux. » *Amerdad*, de son côté, reçoit les titres « d'immortel, de maître des arbres. » M. E. Burnouf nous apprend que ces deux adjectifs, *Khordad et Amerdad*,

---

(1) VENDIDAD, XX, § 11, 14. — SPIEGEL, *Avesta*, I, p. 255.
(2) NÈVE, *Ribhavas*.
(3) AVESTA, p. 103.

dont on a fait le nom de deux génies célestes, signifient « *celui qui produit tout* et *celui qui donne la vie.* »

L'Avesta, ainsi que les Védas et la loi de Manou, considère parfois l'eau comme le principe de toutes choses. Le monde est représenté comme étant engendré de l'eau ou comme flottant sur les eaux (1). L'eau donne la vie à toute la nature ; par elle, Ormuzd procure la force et l'abondance à tous les êtres créés. Le Boundehesch dit que l'eau et le feu sont les premières créations du *Temps sans bornes*; de leur mélange naquit *Ormuzd*. On doit prier les eaux avec le soleil, le feu, les astres, la terre ; l'iescht de l'eau doit se réciter à tous les gahs du jour (2).

III. — *Les objets terrestres.*

Les diverses formes que peut présenter la terre, ses diverses productions étaient également pour les Ariens des objets d'adoration. « J'invoque, je célèbre, dit le Yaçna, et ces lieux, et
» ces pays, et les parcs de bestiaux, et les maisons, et les lieux
» où se gardent les grains et les eaux, et les terres, et les ar-
» bres, et cette terre, et ce ciel, etc. (3). »

« Qu'Indra, Varouna, Mitra, Agni, les eaux, les plantes, les
» arbres nous favorisent, s'écrie de son côté le chantre védi-
» que. Nous appelons à notre secours, au milieu du sacrifice,
» les vingt et un mille rivières sacrées, les grandes ondes, les
» arbres, les montagnes... (4). »

Les montagnes étaient particulièrement vénérées par ces peuples, elles sont l'objet de fréquentes invocations dans les Védas, qui les divisent en trois espèces correspondant aux trois mondes et aux trois ordres de divinités : montagnes *célestes*, montagnes *terrestres* et montagnes *aériennes*. « In-

---

(1 VENDIDAD, p. 386, n° 2 et p. 301. — IESCHTZ SADES, xx, 97, 78.
(2) BOUNDEHESCH, p. 344, n° 1.
(3) YAÇNA, § xxxvii.
(4) RIG, III, p 113.

dra, ce Dieu clément et fort, siége sur une montagne céleste, » disent les Védas (1).

D'après le système cosmologique des Perses, exposé dans le Boundehesch, toutes les montagnes qui couvrent la surface de la terre se rattachent au Bordj, dont nous avons parlé précédemment.

La montagne *Hoschdaschter* joue aussi un rôle considérable dans la mythologie mazdéenne. « J'invoque, je célèbre, dit le Yaçna, la montagne dépositaire de l'intelligence, donnée de Mazda, et toutes les montagnes brillantes de pureté, parfaitement brillantes, données de Mazda. » « Pour la promulgation de la parole sainte, dit l'iescht d'Ormuzd, nous adorons cette montagne qui garde, qui conserve l'intelligence nuit et jour, en faveur de ceux qui apportent les offrandes du sacrifice (2). »

Les habitants de l'Arie, ainsi que le remarque M. E. Burnouf, avaient donc aussi leur montagne de la loi, qui s'est appelée *dépositaire de l'intelligence*, et qui a été fréquemment invoquée comme telle dans les chants sacrés. C'est du haut de cette montagne qu'avait été promulguée la parole d'Ormuzd. La vénération des Perses pour les lieux élevés est indiquée fréquemment dans l'Avesta, par exemple, dans les passages relatifs à *Hôma* et dans ceux où il est parlé de la caverne dans laquelle s'était retiré Zoroastre (3).

(1) Rig, II, p. 430.
(2) Zend-Avesta, II, p. 151.
(3) E. Burnouf, *Yaçna*.

CHAPITRE VI.

DIVINITÉS INTERMÉDIAIRES OU MÉDIATRICES.

I. — *Le Feu*.

L'impossibilité pour l'homme de communiquer directement avec la divinité le porta à chercher partout, dans toutes les sphères de l'univers accessibles à ses sens, à son intelligence, à son imagination, des intermédiaires entre la créature et le créateur, entre les sphères inférieures et les sphères supérieures, entre l'esprit de l'homme et l'esprit divin.

Remarquons que, chez les Ariens primitifs, ainsi que nous l'avons déjà constaté, la divinité est le plus souvent conçue sous une forme lumineuse : les *Dévas*, ce sont les êtres brillants, étincelants par excellence ; *Indra*, c'est la voûte lumineuse du ciel ; *Ahoura-Mazda*, chez les Iraniens, est la source de toute lumière ; le feu d'*Ahoura* est le feu par excellence. Le feu, dans les deux branches de la famille arienne, reçoit directement un culte.

La lumière, le feu étant aux yeux de ces peuples la forme extérieure, l'enveloppe et comme le vêtement visible de la divinité, il en résulta que les rayons de la lumière, la flamme du foyer, toutes les formes lumineuses furent considérées comme des manifestations divines, comme une des communications directes de Dieu avec l'homme. Cette notion a été l'une des plus généralement répandues parmi toutes les branches non-seulement de la race arienne, mais du genre humain tout entier. Rappelons-nous que l'Éternel apparut à Moïse sous la forme d'un buisson ardent, et que l'Esprit saint descendit sur les Apôtres sous la forme de langues de feu. Chez les Grecs, le célèbre mythe de Prométhée se rattache directement à la découverte du feu par le frottement du bois. *Pramâthyus*, en sanscrit, signifie celui *qui creuse en frottant* et *celui qui dérobe le feu* (1).

« Le pâtre de la Bactriane, dit M. Maury, voyant briller au firmament les feux mystérieux du soleil et des étoiles, et rapprochant ces feux de celui qui brûlait dans son foyer et qu'il avait obtenu par le frottement du bois, crut qu'il possédait dans sa demeure une émanation des êtres célestes. Le feu du foyer devint une divinité, la divinité terrestre par excellence, car c'était, selon la croyance arya, le feu même du ciel qui descendait habiter parmi les hommes. Cette croyance trouvait encore une apparente confirmation dans l'incendie que déterminait parfois la chute de la foudre. Alors vraiment le feu du ciel semblait venir allumer ici-bas la bienfaisante flamme du foyer. »

Le feu, dans la théologie védique, est, sous le nom d'*Agni*, la divinité descendue sur la terre pour veiller sur les humains, leur prodiguer ses bienfaits ; et c'est ainsi qu'Agni (en latin *ignis*) fut confondu avec toutes les divinités bienfaisantes et secourables, avec *Varouna*, *Mitra*, *Indra*, *Aryaman*, *Roudra*, dont il est la manifestation terrestre et visible. Agni est le *médiateur sacré*, le ministre des vœux et des prières des fidèles. « Agni, amène ici les dieux, s'écrient les poëtes védiques, va » leur porter cette nouvelle et reviens avec eux t'asseoir sur » le Cousa (2). » — « Messager des dieux et sacrificateur, Agni visite toutes les maisons, monté sur un char d'or. » Agni est

---

(1) ALBERT RÉVILLE, *Le mythe de Prométhée*, Revue des Deux Mondes, 15 août 1862.
(2) RIG VÉDA. II, 216, 217 — *Id.*, I, 19, 20, II, 102.

le protecteur et le parent des mortels, leur ami chéri, leur compagnon digne d'hommages, c'est un *dieu humain* et toujours jeune, un *sauveur irréprochable*.

Pour accomplir sa mission divine, pour le salut des mortels, Agni s'est ainsi *incarné*, il a pris la forme humaine, il a vécu de l'existence et de la vie des hommes : « Les immortels ont enfanté un mortel invincible, un sauveur vigoureux et redoutable. » « Agni, alors que tu pris une forme humaine pour le bien de l'humanité, les Dévas te donnèrent comme général à Naboucha... (1). »

Les hymnes des Gâthâs, dont plusieurs semblent avoir été composés antérieurement à l'établissement de la religion védique et par conséquent avant la déification de l'élément igné sous le nom d'Agni, nous montrent qu'à ces époques reculées, la flamme, la lumière étaient déjà conçues comme des émanations de la divinité, comme des principes médiateurs entre le ciel et la terre.

Ahoura est le seul de tous les êtres qui brille de sa propre lumière, il est la lumière incréée et primitive (2) ; de lui émanent tous les feux, toutes les clartés qui resplendissent dans le ciel et sur la terre. Les vérités divines se manifestent par des flammes. — Les rayons du feu méritent notre admiration et doivent être contemplés avec un esprit plein de piété. — Le feu perpétuel qui résulte du frottement du bois est un des dons les plus précieux de la divinité (3). Les paroles véridiques d'Ahoura sont annoncées par le feu utile et brillant qui repose au sein de l'Arani. — Yima est le premier des hommes qui ait répandu sa lumière sur la terre de l'Iran. — Le feu, comme les immortels eux-mêmes, protège les hommes contre les attaques des mauvais esprits ; la terre alluma pour sa défense les flammes protectrices. — « Notre esprit, puissant Ahoura-Mazda, réside près de ton feu énergique,

---

(1) Rig, I, p. 144 — II, 33 — I, p 54
(2) Gathas, xxviii, § 3, — xxxi, § 7
(3) Gathas, xxx § 1, § 2, — xxxi, § 3.

immense, utile à la création par ses secours multipliés » (1).

Le feu fut adoré par les Aryas sous toutes les formes diverses par lesquelles il se révèle. Agni est à la fois la flamme du foyer, celle du sacrifice, le feu du ciel, du soleil, de la foudre, et le feu intérieur qui réchauffe, anime tous les êtres ; enfin il est la lumière pure (2).

Chez les Perses, ces diverses modifications de la lumière furent pareillement l'objet d'un culte, et la théologie postérieure des Perses les ramena à sept formes principales, qui rappellent les sept langues d'Agni célébrées dans les Védas. Parmi ces formes, trois surtout paraissent avoir été plus spécialement considérées comme des manifestations divines, et avoir, à ce titre, figuré dans les liturgies sacrées; ce sont : 1° le feu des étoiles ou feu *Guschap*, et la planète de Vénus, *Anahid* ; 2° le feu du soleil ou feu *Mihr*, le soleil *Mihr* ou *Mithra*; 3° le feu de la foudre ou feu *Bersin*.

Ces trois noms persans se retouvent en sanscrit : *Guschap*, dans *Casyapa*, le ciel étoilé; *Mirh*, dans Mitra, le soleil, l'un des Adityas ; *Bersin*, dans *Vrihaspati* ou *Brahmanaspati*, l'une des formes d'Agni et l'une des personnifications du Dieu suprême. Il paraît qu'à une certaine époque, la planète de Jupiter fut désignée sous le même nom (3).

On comprend que, parmi ces diverses formes du principe igné, celles qui se rapportaient à l'astre lumineux par excellence, au soleil, durent jouer un rôle important et tenir dans le culte une des premières places.

Dans les Védas, l'adoration d'Agni, le feu, et celle de Mitra, le soleil de jour, sont souvent confondues, ainsi que les attributs de ces deux divinités. Mitra, c'est Agni placé dans les cieux, c'est la représentation céleste du feu : « L'éclat dont
» brille Mitra vient d'Agni. » « O Agni, tu es Mitra quand tu
» t'allumes. » Mitra est l'une des dénominations le plus fré-

---

(1) GATHAS, XXXI, § 19, — XXXII, § 8, § 14; — XXXIV, § 4.
(2) RIG, IV, 137, — II, 281.
(3) CREUZER, d'après Hammer, I, p 731, note

quemment données à Agni, et peut-être même le nom de Mitra servit-il à désigner l'un des génies lumineux de l'antique Arie, longtemps avant la personnification du feu dans le déva Agni (1).

En effet, Agni est inconnu aux Mazdéens, tandis que Mithra figure dans leurs hymnes comme un dieu solaire et médiateur, remplissant les fonctions de sauveur et de messager divin, que les Védas attribuent à Agni confondu avec Mitra et invoqué sous le même nom que ce dieu.

On retrouve dans le *Mithra* perse la plupart des traits du *Mitra* védique ; celui-ci est : « un héros brillant, un roi aux belles mains, un dieu au vaste regard, ennemi des méchants et qui vient s'asseoir au foyer de l'homme pieux (2). » C'est le maître de la lumière pure, le dieu sauveur, prêtre, héros, sacrificateur, c'est-à-dire médiateur ; l'œil sans cesse fixé sur les hommes qu'il protége, il est l'adversaire impitoyable des méchants, des impies, des esprits du mal, et leur vainqueur redoutable. Voilà pourquoi ses adorateurs lui donnent le titre de *Mitra*, c'est-à-dire d'ami (3).

Selon les Perses, *Mithra* est le grand, le fort roi, le héros victorieux à la course rapide, qui dit la vérité dans les assemblées, qui profère la parole de vérité dans l'assemblée des génies célestes ; c'est le juste juge, l'actif, l'agissant, le gardien vigilant aux mille oreilles, aux dix mille yeux, qui ne dort jamais et veille incessamment, attentivement avec ses mille forces ; l'auteur de la paix, le *médiateur*, celui qui féconde les déserts, qui augmente les eaux, le maître des générations (4).

On voit que les attributs et les fonctions de Mitra ou Mithra sont identiques dans les deux cultes, seulement le grand rôle que joue la parole dans le mazdéisme, a fait attribuer au

---

(1) Rig, IV, p 188 ; — II, 16. — Voir la table du Rig, au mot *Mitra-Agni*.
(2) Rig, III, p. 86 ; — I, p. 138.
(3) Rig, I, 37, 540 ; — II, 306, 93, 94.
(4) Zend-Avesta, v *Mithra*, à la table

Mithra perse des facultés oratoires qui ne se retrouvent pas dans le Mitra védique. De même, la haute importance attachée par les Iraniens aux travaux agricoles les a portés à faire de leur Mithra un dieu protecteur des troupeaux et de l'agriculture. Ce caractère se retrouve certainement dans le Mitra des Védas, mais moins nettement indiqué que dans l'Avesta.

Le Mitra du Rig est le soleil de jour opposé à *Varouna*, le soleil de nuit. — Le caractère solaire du Mithra perse se reconnaît à ses dix mille yeux, à sa vertu fertilisant les terres incultes ou multipliant les troupeaux de bœufs. « *Le dieu Soleil*, » tel est, selon M. E. Burnouf, le titre qui résume le mieux la nature spéciale de ce dieu (1).

La gloire du Mitra védique est telle que parfois elle semble égaler et même surpasser celle d'Indra : « Indra s'est annoncé à nous aujourd'hui, tel que Mitra étendant parmi les nations sa gloire incomparable. » Parfois Mitra est substitué à Indra; accompagné des *Marouts*, il marche à la conquête des cieux (2).

Dans le Yaçna, Mithra est également mis sur le même rang que le Dieu suprême : « Je célèbre, j'invoque Ahoura et Mithra, élevés, purs et saints (3). » Les Amschaspands ou génies célestes de l'ordre supérieur, reconnaissent Mithra pour chef; leur nombre est de sept, correspondant aux sept divisions des Marouts védiques. Ce nombre sept rappelle aussi les sept rayons ou sept langues d'*Agni-Mitra*; les sept flammes *Rasni*, dont le nom signifie à la fois *rênes* et *rayons*, sont personnifiées dans les Védas comme les sept officiers du sacrifice ou prêtres compagnons d'Agni, le suprême sacrificateur. Les Amschaspands, eux aussi, sont les compagnons fidèles d'*Ahoura*, l'inventeur du sacrifice et le premier sacrificateur.

Le rôle du Mithra perse, considéré comme médiateur, est triple, ainsi que le remarque Creuzer, d'après Kleuker :

(1) Yaçna, p. 209.
(2) Rig, IV, p. 168
(3) Yaçna, ch. I, v. 29

1° Il participe de la nature des deux principes contraires, du bon et du mauvais génie ;

2° Il se place entre ces deux génies et entre ces génies et les mortels comme une puissance médiatrice ;

3° Il est chargé de prononcer entre les deux principes, de les juger, et il apparaît alors comme un pouvoir supérieur à l'un et à l'autre.

Cette notion de la triple nature de Mithra, en laquelle se résume l'ensemble des conceptions relatives aux diverses divinités médiatrices, repose certainement sur des données bien anciennes, puisqu'on en retrouve des vestiges dans le Rig, où Mitra joue aussi un triple rôle.

Considéré comme le soleil, qui tour à tour brille et disparaît, qui habite successivement le royaume de la lumière et celui des ténèbres, Mitra participe de la nature du jour et de celle de la nuit ; aussi est-il sans cesse associé et confondu avec Varouna, le soleil de nuit. S'il est le soleil brillant et bienfaisant, il est aussi le soleil qui ramène l'horreur des ténèbres, ou bien le soleil desséchant, consumant et destructeur. Il est donc à la fois une divinité bienfaisante et un génie malfaisant, il s'associe aux Dévas et aux Asouras. Nous avons parlé ailleurs de la trinité védique composée d'*Indra, Agni-Mitra* et *Aryaman*, dans laquelle *Mitra* apparaît comme médiateur entre *Indra*, le ciel lumineux, et *Aryaman*, l'aditya de la mort ou des ténèbres (1). De cette triade, avons-nous dit, est sortie la triade mazdéenne, composée d'*Ahoura*, de *Mithra* et d'*Ahriman*. Il ressort évidemment de ce rapprochement et de la communauté d'idées qu'il constate sur ce point important entre les deux cultes, une vive clarté sur l'antique rôle de Mitra dans la religion primitive de l'Arie.

De même qu'Agni, avec lequel il se confond, Mitra est médiateur entre les dieux et les hommes, et enfin, parfois, il apparaît comme supérieur à tous les Dévas, comme leur maître

(1) Rig. I, 360, 568.

et leur soutien : « C'est Mitra qui soutient le ciel et la terre..., il est le soutien de tous les dieux (1). »

II. — *Le Sacrifice.*

Le sacrifice, qui consistait uniquement, à l'origine, dans l'embrasement du foyer sacré, sur lequel on répandait quelques libations de beurre fondu, de caillé ou du suc de quelques plantes, fut un second moyen pour l'arya de communiquer avec les divinités, un nouvel intermédiaire entre la terre et le ciel. Le sacrifice, personnifié comme tous les objets naturels, devint, pour les Ariens védiques, le char même des dieux ; les libations furent comparées à des coursiers bien dressés qui s'élancent du vase qui les contient et qui viennent s'atteler au joug des dieux (2).

Pouroucha, le même qu'*Agni Pradjavati*, l'être immatériel, créateur de toutes choses, avait, selon les adorateurs des Dévas, institué lui-même le sacrifice. *Ahoura* était pour les Iraniens l'instituteur du sacrifice, des rites et de toutes les coutumes pieuses.

La libation de soma ou hôma, qui, à une certaine époque, fut en usage tant dans le culte des Indiens védiques que dans celui des Iraniens, fut personnifiée par les uns et par les autres sous la forme d'un génie, ami des hommes, intermédiaire entre le ciel et la terre, et s'immolant lui-même sous une forme humaine pour le salut des fidèles.

Toutefois, en ce qui concerne l'origine du culte du *Hpoma* et de sa légende chez les Iraniens, il est remarquable que cette divinité ne se trouve pas mentionnée au nombre des trente-trois dieux énumérés dans le livre Ier du Yaçna, non plus que dans les fragments des Gâthâs dont M. Martin Haug nous a jusqu'ici donné la traduction et le commentaire. Peut-être

(1) Ric, I 91, 95
(2) Ric, I, 117, — IV, p. 3, 340, 498.

faut-il en conclure que le *Haoma*, en tant que liqueur sacrée objet d'un culte spécial, et surtout en tant que personnification d'un génie ou dieu particulier, n'était pas connu des anciens Ariens, et ne dut sa création qu'à l'imagination des fondateurs du védisme ou culte des Dévas, d'où il passa plus tard dans la religion des Iraniens. Les circonstances que les deux cultes ont subsisté longtemps en paix dans le voisinage l'un de l'autre, et que les tribus qui les pratiquaient ont vécu sur le même territoire, faits qui semblent aujourd'hui hors de doute, ces circonstances, dis-je, permettent de supposer que les deux religions ont dû se faire de fréquents emprunts. Les traditions communes qu'elles présentent ne remonteraient donc pas toutes à la source commune d'où elles sont sorties, mais un grand nombre d'entre elles, qui semblent avoir une origine relativement récente, seraient passées d'un culte dans l'autre. Au nombre de ces notions postérieurement adoptées par la généralité des tribus ariennes, il faudrait, selon nous, placer le culte et la doctrine de *Soma* ou *Hôma*.

À l'appui de cette opinion, je ferai remarquer que le culte de Bacchus, dérivé de celui de Soma, ne fut pas apporté dans la Grèce par les premières tribus émigrantes; il n'y apparut qu'à une époque de beaucoup postérieure aux premières invasions. Aussi la tradition représentait-elle Bacchus comme un dieu plus jeune que Jupiter et destiné à le détrôner un jour.

Le culte de Soma n'était certainement pas connu dans l'Arie antérieurement à l'établissement du védisme ; un grand nombre de tribus ne l'adoptèrent qu'après de longues hésitations et le considérèrent longtemps comme une impiété, comme une œuvre magique. Les fragments des Gâthâs que nous connaissons, sont remplis d'imprécations contre les adorateurs de Soma : « Vous tous Daévas, s'écrient les prophètes iraniens, vous n'êtes que des variétés du mauvais génie, vous, ainsi que le Grand qui considère comme sacrés vos mensonges, vos libations enivrantes de Soma, ainsi que vos impostures qui vous ont rendu fameux dans les sept régions de la terre (1). » Et ailleurs : « Quand viendront Mazda, les hommes courageux et forts? Quand détruiront-ils *cette boisson enivrante?* C'est de cet art diabolique (*arte nigrâ*) et du mauvais esprit qui règne sur ces contrées, que s'enorgueillissent les prêtres des idoles (2) ! »

On sait que, chez les Indiens, le jus de soma, préparé d'une manière particulière, acquérait des propriétés enivrantes qui jetaient les prêtres et les assistants du sacrifice dans des transports violents, dans une ivresse sacrée, qu'étaient censés partager les dieux eux-mêmes. Chez les Perses, la libation de soma me semble avoir toujours été préparée selon le mode primitif. On ne faisait pas fermenter la liqueur, et le sacrifice conservait un caractère de simplicité, de calme et de gravité bien éloigné de la forme orgiastique qu'il avait chez les Indiens védiques. Aussi les Perses, qui ne filtraient pas le soma et l'employaient avec sa couleur naturelle, d'un jaune saumâtre, le qualifient-ils de liqueur « *à la couleur d'or* ; »· les Védas, au contraire, lui donnent l'épithète de *blanc*, parce que, dans le sacrifice védique, il était soigneusement filtré, arrosé d'eau, mêlé avec de l'orge et du beurre clarifié, transformation d'où résultait sans doute cette couleur blanche.

Dans l'un et l'autre culte, Soma fut déifié et devint un génie ou dieu intermédiaire entre l'homme et Dieu. Les Védas l'invoquent comme le prince immortel du sacrifice, comme le précepteur des hommes et le maître des saints, comme l'ami des dieux et l'exterminateur des méchants (3). Peu à peu son rôle grandit; il reçut même de certains prophètes les caractères principaux de la divinité suprême, et fut placé à côté d'Indra et d'Agni.

Chez les Perses, Soma, sous le nom de *Hôma*, fut de même élevé au rang des immortels; il devint un génie céleste, un esprit de vie qui prend corps dans la nourriture des offrandes

(1) GATHAS, XXXII, § 3.
(2) GATHAS, XLVIII, § 10
(3) RIG, I, 82. IV, 2, 18

sacrées et qui s'élève au rang des Izeds : « Qui es-tu, lui de-
« mande Zoroastre, toi qui m'apparais comme le plus parfait,
« avec ton corps beau et immortel? — Je suis, ô Zoroastre,
« *Hôma*, le saint qui éloigne la mort. Invoque-moi, ô Çpitama,
« extrais-moi pour me manger, loue-moi pour me célébrer,
« afin que d'autres, qui désirent leur bien, m'invoquent à leur
« tour (1). »

Les épithètes que l'on donne à ce génie dans les deux cultes,
et les invocations qu'on lui adresse, sont presque identiques;
un parallèle de quelques paragraphes du chapitre IX du Yaçna
avec divers hymnes du Rig-Véda, rendra ce rapprochement bien
sensible.

Yaçna, chapitre IX, § 11 : « *Hôma le bon* a été bien créé, il a
été créé *juste*, créé *bon*; il *donne la santé*, il *a un beau corps*,
il *fait le bien*, il *est victorieux*, *de couleur d'or*; *ses branches
sont inclinées pour qu'on les mange*, il est *excellent*, et il est
pour l'âme la voie la plus céleste. »

Védas, I, 172 : « Soma est un roi *débonnaire* et clément. »

Id., I, 129, 171 : « *L'excellent* Soma est *saint*, *fort*, *généreux*, *grand*, *opulent*, *précepteur des hommes*. »

Id., I, 38 : « Dans les eaux est la santé, m'a dit Soma; dans
les eaux sont tous les remèdes. »

III, 384 : « Soma couvre tout ce qui est nu, il guérit tout
ce qui est malade; par lui l'aveugle voit, le boiteux marche. »

Id. I, 172 : « O Soma, détourne de nous la maladie, accorde nous ces secours protecteurs dont tu entoures tes fidèles. »

Id. 171 : « O Soma, tu es le maître des saints, tu es roi et
vainqueur de Vrita, tu es l'agent de notre bonheur. »

Id. IV, 38 : « Le dieu brillant résonne et frémit en perdant
le bout des tiges de sa plante. »

« O Soma! notre intelligence te connaît, c'est toi qui nous
guide *dans la voie la plus droite*; sous ta conduite, ô liqueur

---

(1) Burnouf, *Études sur la langue et les textes zends.*

sacrée ! nos pères ont obtenu, pour prix de leur sagesse, un trésor parmi les dieux (1). »

La préparation au moyen de laquelle le jus du soma perdait *sa couleur d'or*, célébrée par les hymnes du Yaçna, est fréquemment décrite et rappelée dans les Védas : « Soma prend une forme blanche (Rig. IV, p. 51). » « Le dieu dépose sa couleur d'or *qui le fait ressembler à l'Asoura*, il quitte son premier corps pour passer dans la coupe du père du sacrifice » (IV, p. 51). Ce dernier fragment est remarquable ; il y est dit que la couleur jaunâtre du soma le fait ressembler à l'*Asoura*, parce que c'est, en effet, sous cette couleur, qui est sa couleur primitive, qu'il était offert à *Ahoura*, la grande divinité des Perses.

Yaçna, IX, § 13 : « La première grâce que je te demande, Hôma, qui éloignes la mort, c'est d'obtenir la demeure excellente des saints, lumineuse et abondante en tous biens. »

Védas, I, 172 : « La mort ne nous atteindra pas, si ton désir est que nous vivions, ô Soma. »

Id. IV, 26 : « Que ces libations de Soma donnent à l'homme pieux les biens du ciel, de la terre. »

Id. 31 : « Dans ta force, Soma, les sages trouvent leur salut. » — L'une des épithètes de Soma dans les Védas est *Svarchâ*, celui qui donne le ciel.

Yaçna IX, § 14 : « La seconde grâce que je te demande, Hôma,....... c'est *la durée de ce corps*. »

Peut-être pourrait-on voir dans ce passage du Yaçna une mention de la résurrection des corps, doctrine qui était admise, en effet, par les Perses à l'époque de la conquête macédonienne et par laquelle le zoroastrisme se distingue nettement du brahmanisme (2). C'est une question encore contestée que celle de savoir si les Mazdéens, dès l'origine de leurs croyances, admirent que les corps ressusciteront un jour comme l'âme.

---

(1) *Hymne védique*, cité par M. E. Burnouf, dans son étude sur *Hôma*.
(1) Spiegel, *Avesta*, I, 15, 16 et 32.

M. E. Burnouf, contrairement à l'opinion d'Anquetil, ne voit nulle part dans le Zend-Avesta les traces d'une pareille doctrine (1). Martin Haug en revient à l'idée d'Anquetil ; il croit trouver dans le gâthâ qui porte le mieux l'empreinte de la main de Zoroastre, des preuves très-positives de la croyance à la résurrection des corps. Un passage de sa traduction s'exprime notamment en ces termes : « Oui, en vérité, les corps des méchants seront un jour dans la demeure du mensonge (2). »

Yaçna IX, § 15 : « La troisième grâce, etc..., *c'est une longue vie.* »

La plante soma était considérée comme douée de vertus médicales très-énergiques.

Védas II, p. 100 : « O soma, prolonge notre vie. »

Id., III, p. 343 : « Que les liqueurs glorieuses et libératrices du soma me préservent des atteintes de la vieillesse et me sauvent de la fatigue. »

Id., p. 342 : « O immortel Soma, buvons ta liqueur, soyons immortels comme toi. »

Yaçna, IX, § 16 et 17 : « La quatrième grâce, etc..., c'est de pouvoir, énergique et joyeux, parcourir la terre, anéantissant la haine, frappant le cruel. »

Védas, I, p. 173, 174 : « O Soma, tu es la force de nos héros et la mort de nos ennemis....... invincible à la guerre, comble nos vœux dans les combats....... combats pour nous, personne ne peut lutter contre toi, donne-nous la supériorité dans la bataille. »

Id., I, 82, 172 : « O Soma, que nul méchant, que nul ennemi n'ait prise sur nous. » « Défends-nous contre tous les méchants ; l'ami d'un dieu tel que toi ne peut périr. »

Yaçna, IX, § 18: « La sixième grâce, etc....., c'est que nous puissions voir les premiers le voleur, le meurtrier, le loup. Qu'aucun d'eux ne nous aperçoive le premier, et puissions-nous être les premiers à les voir tous. »

(1) *Journal Asiat*, 1840, t. II.
(2) GATHAS, p. 109, 113, et ch. XLIX, § 11.

Védas, II, 457 : « Soma illumine l'obscurité des nuits... les Dévas l'ont pris pour le héros des jours. » — « O Indra et Soma, dieux généreux, brûlez les Rakchasas (voleurs, impies), domptez, saisissez nos ennemis qui croissent avec les ténèbres. — Repoussez, éloignez, écartez ces adversaires insensés et voraces, qu'ils soient frappés, anéantis. » — « Que Soma livre au serpent (Ahi) ou précipite dans les bras de Nirriti (la mort) les hommes qui, à leurs caprices, sacrifient le sage ou qui abusent de leur force pour troubler le bonheur. »

Yaçna, IX, § 12 : « Hôma, je te demande de triompher de la haine de tous ceux qui en ont, de la haine des Dévas et des hommes, des démons et des Parikas, des êtres pervers, aveugles et sourds, et des meurtriers bipèdes, et des êtres hypocrites, et des loups à quatre pattes, et de l'armée aux larges bataillons qui court, qui vole. »

Védas, II, 465 : « Le divin Soma à peine né va surprendre Pani (magicien ennemi des dieux) ; il détruit la force magique du misérable et lui enlève son butin et ses armes. »

Id., II, 487 : « O Soma, donne la mort à Pani, c'est un loup (Vrika). »

Id., III, 183, 184 : « Que la Rakchasi qui, pendant la nuit, va, comme la chouette, cachant son corps dans les funestes ténèbres, tombe dans des abimes sans fond.... Soma, donne la mort à ces mauvais esprits qui prennent les formes de chouette, de chat-huant, de chien, de loup, d'oiseau, de vautour. »

Ce rapprochement entre les hymnes des deux branches de la famille arienne nous montre jusqu'à quel point la doctrine relative à Soma était identique dans les deux cultes, puisque les prières sont les mêmes quant à leur objet et conçues dans des termes à peu près semblables. Énonçons cependant quelques différences qui distinguaient le Soma védique du Haoma zoroastrien.

Soma, comme nous l'avons déjà fait observer, est blanc; Hôma est de couleur d'or. Il paraît qu'il existe naturellement une espèce de soma, dont le jus est blanc, et une autre espèce qui donne un suc jaunâtre (1) ; toutefois les détails donnés par les Védas sur la trituration du soma, me font penser que la différence de couleur qui distinguait la liqueur employée par les brahmanes de celle des Perses, provenait, non d'une propriété naturelle de la plante, mais d'une diversité dans les moyens d'en extraire et d'en préparer les sucs.

Par suite de cette préparation différente, le soma que l'on faisait fermenter, acquérait des principes enivrants et donnait lieu à un culte orgiastique, bruyant et frénétique, tandis que le culte du hôma était calme, grave, et empreint du haut caractère de spiritualisme et de moralité sérieuse qui distinguait le parsisme du culte des Dévas.

Le hôma perse est une personnification religieuse parfaitement nette et déterminée, ayant son nom propre, son rôle, son caractère, ses attributs distincts, qui ne permettent pas de confondre cet ized avec aucun autre. Dans les Védas, au contraire, Soma, comme tous les autres Dévas, se prête tour à tour à toutes les transformations religieuses que peut enfanter l'imagination des poëtes védiques, et se confond successivement avec la plupart des divinités. Soma, en se transformant, devient *Twachtri* dans le monde intermédiaire, et *Sourya* dans le monde supérieur. Dans le sacrifice, il ne fait qu'un avec *Agni*, et devient *Agni-libation* ; il partage alors les offrandes et les invocations adressées à ce déva. En Soma enfin se personnifie le Dieu suprême, dont il était, dans le principe, destiné à honorer la grandeur et à solliciter l'appui.

Dans le Samavéda, Soma est devenu le créateur de toutes choses, présentes, passées et futures, celui qui fait lever le soleil, le père de l'intelligence, le père du ciel, le père des astres et de l'air (2).

Dans les Védas, Soma est un dieu médiateur, qui, pour le salut du monde, s'est laissé broyer dans un mortier, et renait

(1) LANGLOIS *Mém. sur le Soma*.
(2) A. MAURY *Essai sur la relig. de Arya*

ensuite jeune et brillant sous la main du sacrificateur (1). Dans le parsisme, une partie des attributions de ce dieu, considéré comme médiateur, sont passées à *Taschter* et à *Mithra*, ainsi que nous l'avons constaté en parlant de ces deux divinités. Le Soma des Védas se retrouve donc dans trois personnages séparés du culte mazdéen. Cependant les rapports qui existaient entre les trois formes du Soma védique, ne semblent pas entièrement effacés de la tradition des Perses. Ainsi le Boundehesch (2) donne trois corps à Taschter, ou, en d'autres termes, reconnaît en lui trois formes, trois divinités distinctes : il est *homme, cheval, taureau.* Dans le Zend-Avesta, il est dit, dans le même sens, que trois choses maudissent le négligent, savoir le *taureau,* le *cheval* et l'*homme.* Or nous savons par le Rig-Véda, que le *taureau,* c'est *Twachtri,* appelé *Vrichan* ; le *cheval,* c'est le soleil ou *Mithra,* surnommé *Asva* (coursier); l'*homme,* c'est *Soma-Agni,* qualifié si souvent de *Nritama* « le meilleur des hommes. » Cette triade est celle de la religion zoroastrienne, composée de *Hom, Taschter* et *Mithra* confondus pour une œuvre commune (3).

III. — *Les rites ou époques consacrées.*

Les divisions du temps, envisagées au point de vue religieux, c'est-à-dire considérées dans leur rapport avec le culte divin qui se célèbre à des moments déterminés, sont personnifiées dans les Védas sous le nom de *Ritous* ou de *Ritavas* (4); dans l'Avesta sous celui des *Ratu,* du sanscrit *Ritu,* saison.

Chez les Brahmanes, le prêtre domestique a conservé le nom de *Ritvidj,* littéralement celui qui sacrifie dans les *Ritou* ou saisons prescrites. Le second des prêtres officiants des

---

(1) Védas, IV, p. 37, 40.
(2) Avesta, t. II, p. 359.
(3) Rig, IV p 94. — Langlois, *Mém. sur le Soma*
(4) Rig., t. I, hym. xv

Parses porte en zend le nom de *Ratu*, ce qui n'est peut-être qu'une abréviation du sanscrit *Ritvidj* (1).

Dans les Védas, les *Ritous* sont au nombre de trois, correspondant aux trois phases de l'ancienne division de l'année indienne ; plus tard, l'année ayant été divisée en six saisons, les *Ritous* furent adorés au nombre de six (2). Ils sont appelés à la libation du soma en compagnie d'Indra, des Marouts, d'Agni, dispensateur des richesses. Diverses épithètes, diverses qualifications données aux Dévas, ou personnifiées elles-mêmes, se rattachent à ce culte des époques religieuses.

Rita (substantif et adjectif) est un titre souvent attribué dans les Védas aux divers Dévas, entre autres à Agni. M. Langlois traduit ce mot par *pur*, *éclatant*, ou par *splendeur du sacrifice* (3).

Je ne doute pas que des recherches ultérieures ne fassent découvrir, entre le sens de cette expression *rita* et le culte des *Ritous*, des rapports non encore aperçus. Les *Dwidjas*, c'est-à-dire les prêtres, sont les premiers nés de *Rita* ; n'est-ce pas, en effet, de l'établissement des rites, de l'observation régulière des cérémonies sacrées, qu'est né le sacerdoce ? Une déesse est adorée ailleurs sous le nom de *Rit* (4).

Ratu est employé dans le Zend-Avesta comme qualification des êtres divins, sous la garde desquels se trouve une division quelconque de la durée. Ce mot signifiait primitivement *temps*; plus tard, il devint un titre divin, comme nous l'apprend M. Burnouf, et dans cette dernière acception, il peut se traduire par *maître*, *grand*. C'est ainsi que le Yaçna dit (I, § 4) : « J'adresse mon hommage à la bénédiction des maîtres, qui sont les jours, les portions diurnes (Gâhs), les mois, les époques de l'année (Gâhandars), les années....... »

---

(1) E. Burnouf, *Yaçna*, p. 17.
(2) Mève, *Essai sur les Védas*, p. 14. — Rig, II, p 89 et 242, n 48 — M.-nou, III, 273
(3) Rig, I hym 1er, II, 244, n 25 I, 247, n. 7.
(4) Rig, IV, p 272 III, p 290

Ces diverses divisions de la durée ont reçu des dénominations spéciales dont on a fait des izeds, des génies, des chefs qui président à tous les moments de la durée, et auxquels un culte spécial est consacré. Ces personnages divins ont reçu dans la religion des Iraniens une organisation régulière, répondant à celle de la société arienne; ils forment une sorte de hiérarchie religieuse et guerrière, analogue à celle du peuple adorateur de Mazda.

Dans les Védas, qui n'ont nulle part l'ordonnance systématique propre à l'Avesta, rien de pareil ne se présente; toutefois on retrouve dans les hymnes védiques toutes les idées, tous les principes généraux sur lesquels repose dans le parsisme le culte des divisions du temps.

« Je célèbre, j'invoque le génie du jour et celui du mois », dit le Yaçna (1). Le jour est de même fréquemment personnifié et adoré dans les Védas; il est le père de la nuit, c'est lui qui amène le soleil (2). « Le jour et la nuit, ces deux divinités fortunées et belles sont appelées à présider à la solennité du sacrifice, qui donne le bonheur et réjouit les dieux. » Les journées et les nuits forment l'escorte divine du ciel et de la terre; ce sont des déités opulentes et *dignes de l'hommage des hommes* (3). Ces dernières expressions sont la traduction exacte du titre d'*Ized*, que les Parses donnent aux divers génies, et entre autres, à ceux dont il est question ici.

Les portions diurnes, personnifiées dans cinq génies, *Oschen, Hâvan, Rapitan, Osiren* et *Everoustrem*, sont désignées dans le Yaçna par le nom générique d'*Ayara*, qui sert à exprimer dans le langage védique une des portions de l'année, le semestre, l'un des sept personnages qui montent dans le char de l'année (4).

En parsi, les divisions de la journée prennent le nom de

(1) Yaçna, I, § 30.
(2) Ric, I, 220, 321 348
(3) Ric, I, 427, II, 41
(4) Ric, I, 382, et 563, II 53

Gâhs « J'invoque, je célèbre les parties du jour, maîtres de pureté (1) ! » Plusieurs de ces génies se retrouvent dans les Védas avec des dénominations et des attributs analogues.

Oschen, Uchahina est le génie qui préside à la partie de la nuit qui précède le jour. *Uchas* est le nom zend de cette portion même de la nuit. *Uchâ* est probablement l'aube ou l'aurore, qui, sous le nom d'*Ouschas*, joue un si grand rôle dans les Védas, et que le pasteur arien, de même que l'agriculteur iranien, invoquait comme une divinité avec les autres parties de la journée : « Aurore et soir, nuit et jour, soyez à l'abri de tout danger et conservez-nous (2). »

Le deuxième Gâhs, qui comprend la période du jour marquée par l'apparition du soleil jusqu'à midi, est désignée par le mot persan *Hâvan*, dérivé du sanscrit *Sû* ou *Chû*, produire. De cette même racine sont sortis *Sava*, le soleil, et *Savitri*, l'une des principales personnifications du soleil dans les Védas. *Hâvan* est donc l'une des formes solaires, c'est la personnification mythologique de l'astre lumineux dans la première période de son cours. De même que les Indiens ont considéré le soleil sous douze aspects différents, selon qu'il passe dans les douze mois de l'année, de même les Perses, par une conception peu différente, l'envisagent sous diverses faces, à mesure qu'il s'avance dans sa révolution diurne.

Le mot *Hâvan* se retrouve dans l'épithète védique de *Maghavan* (grand protecteur) donnée à Indra, considéré principalement comme *dispensateur des richesses et de l'abondance* (3).

Maghavan est une des qualifications de Zoroastre dans les Gâthâs ; elle signifie, selon M. Martin Haug, celui qui donne le plus grand secours (magnus adjutor) (4).

Les formules du Yaçna qui suivent l'invocation de *Hâvan*,

---

(1) Yaçna, I, § 4
(2) Burnouf, Yaçna, p 179 Rig, II 40.
(3) Rig I 15 II, 137
(4) Gâthâs, XXXIII § 7

attribuent précisément à ce génie des qualités de libéralité et de protection tout à fait analogues à celles d'*Indra Maghavan* : « J'invoque, je célèbre celui qui donne la fécondité et qui protége les hameaux..... (1). » L'invocation de Mithra, « qui multiplie les couples de bœufs, » et celle de *Rameschné Kharom*, « le plaisir du goût, » jointes dans le Yaçna à celle de Hâvan, dont ces deux génies sont les coopérateurs ou assistants, servent à déterminer d'autant mieux le caractère fécond et essentiellement producteur de ce gâh.

Enfin, de même que dans les Védas le *Soleil* et *Indra Maghavan* sont parfois considérés comme les dieux supérieurs, *Hâvan* est représenté par le Yaçna comme servant de centre, de point de ralliement aux divers génies. Les trente-trois divinités communes aux Védas et à l'Avesta sont groupées autour de lui et forment son cortége divin.

Les trois autres gâhs n'ont pas, comme les deux premiers, d'analogues précis dans les Védas; cependant ceux de ces gâhs qui correspondent à des portions de la nuit, sont représentés parmi les divinités védiques par la *Nuit*, fille du ciel, à laquelle un grand nombre d'hymnes sont adressés.

Nous avons vu ci-dessus les mois invoqués dans le Yaçna; ils le sont également dans le Rig-Véda, où le mois, *Mâsa*, et le demi-mois, *Pakcha*, forment avec la saison, *Ritou*, le jour, *Divasa*, la nuit, *Ratri*, et l'heure, *Mouhourtta*, les sept personnages mythologiques qui montent dans le char de l'année ou du soleil (2).

Les douze mois sont représentés comme des génies bienfaisants et féconds; ce sont eux, disent les chantres védiques, « qui engendrent les êtres. » « Les mois marchent avec amour à la suite d'Indra avec les arbres, les plantes, les montagnes, le ciel et la terre, les ondes (3). »

Les époques de l'année sont vénérées par les Perses sous le

(1) Yaçna 1, § 8
(2) Rig, 1, p 382
(3) Rig, 1, p. 43, iv. p 339

nom des *Gâhandars*, expression par laquelle il faut entendre, selon Nériosengh, la collection des temps de la création des êtres. Les années sont invoquées en ces termes dans le Yaçna : « J'invoque, je célèbre les années (génies), maîtres de pureté (1). »

Dans les Védas, l'année est célébrée sous le nom de *Samvatsara*; un hymne de Pradjapati lui est spécialement consacré. Cette expression de *Samvatsara* est parfois prise comme synonyme de *Cala*, le Temps, dont le soleil est l'image, et qui est né, comme cet astre, du *Samoudra* ou vase des libations (2).

Le temps en général est encore spécialement personnifié par les Védas dans la déesse *Sarou* ou *Samvatsara*, qui reçoit l'épithète de *grande* (3). Quelquefois aussi le temps, considéré sans doute comme malfaisant et destructeur, est représenté par *Nirriti*, déesse du mal (4).

On sait le rôle considérable que joua plus tard cette idée abstraite du temps dans la religion des Perses. Le temps sans bornes, la durée incréée, qui n'a point eu de commencement et qui n'aura point de fin, représenta, sous le nom de *Zervane Akerene*, l'Éternité ou l'Éternel, l'Être suprême par excellence, le créateur de toutes choses, d'Ahoura Mazda lui-même (5).

Les *Rites*, c'est-à-dire les pratiques du culte, forment une classe de génies intermédiaires entre l'homme et les dieux célestes : c'est par leur observation que s'établit une relation constante entre le fidèle et la divinité. Les prêtres qui célèbrent les rites sont perpétuellement en rapport avec les êtres divins, et non-seulement l'homme obtient, par la pratique des usages pieux et des coutumes sacrées, les faveurs de la divinité, mais encore celle-ci se trouve elle-même accrue et for-

(1) Yaçna, I, § 37.
(2) Rig, II, 89, IV, 482
(3) Rig, II, p 110.
(4) *Id.*, II, 245, n 43
(5) Avesta, t I 1ʳᵉ partie. p 193, et 2ᵉ partie p 114

tifiée par leur célébration : « Les rites fortifient les dieux (1), » disent les Védas.

Les Vasichthas ou prêtres sont représentés comme assurant, par l'observation des rites, la victoire à Indra. De même, dans les Gâthâs, le sacrifice et les bonnes œuvres sont célébrés par les poëtes comme formant un rempart à ce monde terrestre et comme fortifiant l'esprit divin dans sa lutte contre le mal (2).

IV — *La Parole*

La *Parole*, sous ses diverses formes, devient dans les deux cultes l'objet de personnifications importantes, et occupe un rang élevé parmi les dieux médiateurs ou intermédiaires.

« Le nom de la parole sainte doit être placé avant tout, disent les Védas, ce nom est le plus grand, le plus salutaire ; qu'avec affection il soit proféré sur le foyer, et que sa vertu s'y manifeste hautement. »

« La parole sainte se forme dans l'âme des sages ; les hommes, dans le sacrifice, prennent la route qu'elle leur indique. C'est elle qu'ils suivent personnifiée dans les Richis ; c'est elle que les prêtres portent et distribuent partout. »

« La parole marche avec tous les dieux, elle est reine et maîtresse des richesses, elle est la première de celles qu'honore le sacrifice, elle donne l'opulence aux hommes pieux. Celui qu'elle aime, elle le fait terrible, pieux et éclairé. »

« La parole fait la guerre à l'impie, elle parcourt le ciel et la terre, elle enfante le père du sacrifice (Agni). Sa demeure est sur la tête même d'Agni, au milieu des ondes (du feu), dans le vase sacré des libations. Elle existe dans tous les mondes et s'étend jusqu'au ciel ; sa grandeur s'élève au-dessus de cette terre, au-dessus du ciel même (3) »

(1) Rig, iii, p. 78
(2) Gathas, xxxiv, § 14.
(3) Rig. iv p 416 t p 28

La parole s'objective dans le Rig et devient une puissante divinité, *Brihaspati* ou *Brahmanaspati*, « le maître, le protecteur de la prière. » Ce déva est invoqué à son tour en qualité de médiateur entre le sacrificateur et les dieux (1); comme Soma, il s'assied à côté d'Indra, aux miracles et aux exploits duquel il prend part.

Agni, le feu médiateur, reçoit souvent le nom de *Brahmanaspati* et se confond avec cette divinité dont le rôle est identique au sien.

Remarquons que les hymnes dans lesquels la parole est glorifiée, exaltée et divinisée, ne se trouvent pas également répartis dans toutes les portions du Rig, comme ceux relatifs aux principaux Védas ; ils n'appartiennent qu'aux derniers livres de ce recueil, et quelques-uns ont évidemment été composés plus tard que la plupart des chants védiques, puisque les prêtres y sont appelés *Brahmanes* (2), titre qu'ils n'ont généralement porté, on le sait, que dans l'âge religieux qui a suivi celui du Rig. Nous pouvons en conclure que la divinisation de la parole n'appartient pas aux premiers temps du naturalisme védique, et s'est effectuée à une époque où des tendances spiritualistes commençaient à pénétrer l'esprit de cette religion.

Dans le mazdéisme, au contraire, le culte de la parole se place au premier rang et remonte à l'origine même de la religion. Les documents mazdéens les plus anciens, et probablement antérieurs à Zoroastre, nous montrent la parole déjà personnifiée sous la forme d'un génie *Craosha*, qui ouvre la voie à Ahoura-Mazda, c'est-à-dire par la médiation duquel le dieu suprême agit sur le monde et sur les hommes. Craosha, la tradition incarnée, est l'ized de la parole d'Ormuzd, il la transmet à la terre et la fait respecter parmi les hommes, parce que lui-même lui obéit le premier (3).

(1) Rig, i, p 501
(2) Rig, iv, p 297
(3) Martin Haug, *Gâthâs*.

M. Burnouf remarque, en effet, que le nom de cet ized répond par son étymologie à des idées de parole et d'obéissance. Selon lui, Craosha ou Serosh est le verbe incarné, celui dont la parole forme le corps (1).

Dans le Yaçna, Serosh reçoit la plupart des épithètes que les Védas prodiguent à *Vak* ou *Vacht*, la parole sainte. Il est appelé « saint, doué de sainteté, victorieux, celui qui donne l'abondance au monde, » et ailleurs, « saint, fort, dont la parole est le corps, dont l'épée est victorieuse, serviteur d'Ahoura (2). »

La prière *Yatha ahu vairyô*, l'*Honover* des Parses, est censée renfermer la parole créatrice même d'Ormuzd. Composé de vingt et un mots qui correspondent aux vingt et un mosks ou divisions de l'Avesta, ce saint document est le moyen le plus puissant pour créer la vie et la loi, l'arme la plus efficace contre les démons, la prière la plus agréable à Ahoura et aux autres génies célestes. Les fragments ont la même efficacité que l'ensemble de la prière elle-même.

Un autre exemple bien remarquable de l'efficacité attribuée à la parole, c'est le titre de l'un des principaux écrits religieux des Parses, le *Vendidad*. Ce mot vient de *vidatva dâta*, « donné contre les Dévas ou les démons. » C'est la parole sainte qui est donnée aux hommes pour combattre les esprits méchants. *Vak*, la Parole, dit elle-même, dans le même sens, dans les Védas : « Pour tuer un malfaisant ennemi, je tends l'arc de Roudra ; je fais la guerre à l'impie (3). »

La Parole est invoquée dans le Yaçna, non-seulement sous la forme du génie Craosha, mais encore directement :

« J'invoque, je célèbre la parole excellente, pure, agissante, donnée contre les Dévas, donnée par l'entremise de Zoroastre (4). »

---

(1) Yaçna, p. 40
(2) Yaçna, I, § 6, *Invocat.* § 5
(3) Rig, iv, p. 416
(4) Yaçna I, § 33

M. Burnouf fait observer que ce passage est un curieux commentaire du rôle que joue la parole dans la loi de Zoroastre. Il y est dit qu'elle agit « conformément au désir qui est dans le cœur du maître. » Ahoura-Mazda passe de la parole à l'action par le moyen de la parole et, par cette transformation, il devient Serosh. La parole a donc dans la religion perse un caractère remarquable d'activité.

La parole, sous toutes ses formes, joua toujours dans le culte des Perses, le rôle le plus considérable. « La prière et l'instruction occupaient la principale place dans le culte, et la discussion de la loi formait une partie essentielle de l'éducation de la jeunesse... C'est par la parole que les fondateurs de leur religion avaient triomphé des adorateurs des faux dieux... La demeure de l'être sage et vivant, d'Ahoura-Mazda, retentit continuellement des chants des poètes qui le célèbrent; comment n'aurait-on pas sur la terre imité les chantres célestes (1)? » Aussi les Gâthâs donnent-ils à la parole le titre de *bien suprême*; c'est par elle, aussi bien que par son saint esprit, par son bon sens et par ses actes, que le *Sage vivant* a accordé à la terre la prospérité et l'immortalité (2).

(1) M. Nicolas, *Du parsisme*.
(2) Gathas, xlv, § 5; xlvii, § 1.

CHAPITRE VII.

MORALE

La distinction entre le bien et le mal, fondement de toute morale, est présenté, soit dans les Védas, soit dans l'Avesta, sous des images et dans des termes à peu près identiques. Les deux principes sont personnifiés, par les poëtes de l'un et de l'autre culte, dans des génies à la fois jumeaux et ennemis, existant avant toutes choses et auteurs des deux ordres de création, de la bonne et de la mauvaise, des deux formes de la vie, des deux sortes de possession et de jouissance, de la division des êtres en purs et en impurs.

« Deux êtres jumeaux, disent les Védas (1), dont l'un est environné de lumière et l'autre de ténèbres, produisent la variété des formes. Ce sont deux sœurs, l'une est noire, l'autre est brillante. » « Les sages possèdent la science de distinguer entre ces deux rivaux, le bien et le mal. Le bien est ce qu'il y a de préférable, Soma le protége et détruit le mal (2). »

Les fragments des Gâthâs sur le même sujet semblent avoir été copiés sur ceux que nous venons de citer « Dès l'origine, il existe un couple de jumeaux, deux génies doués chacun

---

(1) Rig, ii, p 86.
(2) *Id* iii, p 182 ».

d'une activité propre; c'est le bien et le mal en pensées, en paroles et en actions. Choisis entre les deux, sois bon et non méchant. »

« Ces deux génies se réunissent et créent : le premier (le terrestre), le monde matériel ; et le dernier (le spirituel), le monde immatériel... »

« De ces deux génies choisissez-en un, ou le génie menteur, celui qui accomplit les pires choses, ou le bon esprit véridique. Celui qui choisit le premier, choisit le sort le plus dur ; celui qui choisit le second, honore Ahoura avec foi et vérité par ses œuvres. »

« Vous ne pouvez servir ces deux esprits (1). »

L'importance considérable accordée à la morale par le réformateur iranien, le conduit à revenir sans cesse sur ces idées, qui se trouvent ainsi bien plus développées dans ses écrits que dans les Védas. « Maintenant, s'écrie-t-il dans un hymne, prêtez l'oreille, vous tous qui êtes venus de près et de loin, je veux vous annoncer tout ce qui concerne le couple de génies tel que les sages l'ont reconnu. »

« Je veux vous annoncer les deux premiers génies de la vie, dont le blanc dit au noir : N'est-ce pas moi seul qu'accompagnent les (bonnes) pensées, les (bonnes) paroles, les (bonnes) intelligences, les (bons) enseignements, les (bonnes) maximes, les (bonnes) œuvres, la considération (2) ? »

Dans le Rig-Véda, les esprits du bien et peut-être aussi ceux du mal sont personnifiés sous la forme de génies ailés (*Souparnas*); ils fréquentent un arbre qui est sans doute la représentation allégorique du monde ou du corps humain, et tandis que l'un d'eux cueille le fruit de cet arbre, l'autre s'abstient d'y toucher (3). « Deux esprits jumeaux et amis hantent les mêmes arbres; l'un d'eux s'abstient de goûter le fruit de cet arbre appelé *pippala*, l'autre les trouve doux et les cueille. »

(1) GATHAS, XXX, § 3, 4, 5, 6
(2) GATHAS, XLV, § 1 et 2
(3) RIG. I, p 385

« .... Les esprits obtiennent, avec la science, la jouissance paisible de ce fruit, doux comme l'ambroisie. »

« On appelle donc *pippala* le doux fruit de cet arbre sur lequel viennent les esprits qui en aiment la bonté et où les dieux produisent toutes leurs merveilles. »

Cet arbre *pippala*, qui est le *ficus religiosa*, se trouve dans les doctrines mazdéennes, dans les mythes de *Meschia* et de *Meschiané*, le premier homme et la première femme, issus du corps d'un arbre, le *beivas*, venu lui-même de la semence de Kaiomorts (1). Les traditions hébraïques, dont on trouve comme un reflet dans le Véda, offrent une analogie plus sensible encore avec le récit de l'Avesta, d'après lequel l'esprit du mal présente au couple primitif des fruits que mangent Meschia et Meschiané, « et par là, dit l'écrivain perse, de cent avantages dont ils jouissaient, il ne leur en resta qu'un (2). »

Le mal est encore personnifié par les Védas dans une déesse noire, *Nirriti*, dans les *Asouras*, ennemis de la lumière, dans *Souchna*, le desséchant, et dans une foule d'autres mythes.

Chez les Iraniens, le génie blanc fut de bonne heure identifié avec Ahoura-Mazda, appelé souvent aussi *Çpento Mainyu*, le bon esprit. M. Martin Haug voit aussi dans *Vaghu Mano* ou *Bahman*, « le bon esprit, le bon cœur, » placé plus tard au nombre des Amschaspands, l'une des personnifications les plus anciennes du bon principe (3). Le mal ne paraît pas avoir reçu, pendant longtemps, de personnification distincte ; Zoroastre le désigne le plus souvent par des expressions abstraites, telles que le néant, le non-être, l'esprit menteur, etc.

Nous avons mentionné, en rapprochant l'hymne ix du Yaçna, relatif à Soma, des passages analogues du Rig, la plupart des images par lesquelles les génies malfaisants d'un ordre secondaire étaient représentés dans les deux cultes; nous n'y reviendrons donc pas ici, ce sujet offre peu d'importance.

(1) ZEND-AVESTA, II, p. 376.
(2) BOUNDEHESCH, p. 378.
(3) M. HAUG, *Die Gâthâs Einleitung*

Nous avons également parlé de la lutte entre les deux principes, représentée sous la forme d'un antagonisme entre la lumière et les ténèbres ; nous ajouterons cependant quelques traits au tableau que nous avons tracé de cette partie des deux doctrines.

Dans les Védas, le lumineux Indra, assimilé au génie du bien, lutte soit contre les Asouras ravisseurs des vaches célestes, c'est-à-dire de la lumière, soit contre Ahi, le grand dragon *assis dans les airs à la source des fleuves* (1). Souvent aussi l'obscurité est représentée par les poëtes védiques comme un serpent, dont les vapeurs ténébreuses sont le poison. Ce venin porte le nom d'*adjacava*, de adja « *non natus* » ; la nuit est représentée comme le règne du néant. Nous retrouvons ici la notion des doctrines iraniennes qui assimilent l'esprit mauvais, le génie du mal, au *néant*, au *non-être* (2).

Dans le mazdéisme, la lutte a lieu de même entre la lumière et les ténèbres, représentés par un génie blanc et un génie noir : « Je veux te demander, réponds-moi avec justesse, dit Zoroastre à Ahoura, quel est l'homme véridique, quel est le menteur ? Chez lequel des deux réside l'esprit noir (Anro), chez lequel réside l'esprit lumineux (Çpento) (3) ? » Mais, comme on le voit, le mythe revêt ici un caractère moral bien plus marqué que dans les Védas. Aussi *Aschmogh*, le serpent infernal des livres de l'Avesta, n'a-t-il pas le caractère atmosphérique de l'Ahi des Védas ; il est simplement l'emblème du mal, de l'esprit mauvais, d'Ahriman, dont le nom, corrompu en celui de *Kharaman* ou *Haraman*, est devenu chez les Arméniens le nom du serpent et du diable.

L'Indra védique, luttant contre le serpent Ahi et triomphant de lui, a son analogue dans le Mithra perse luttant contre Ahriman, qui a pénétré dans le ciel sous la forme d'une couleuvre et qui du ciel a sauté sur la terre. Ahriman, comme

(1) Rig, ii, 317 ; i, 56, 57, 438
(2) Rig, iii, 101 et 237
(3) Gathas, xliv, 12

Ahi, est vaincu ; « il sera lié pendant trois mille ans, et brûlé à la fin du monde dans les métaux fondus (1). »

Cette victoire finale et définitive du bien sur le mal n'est pas, comme on l'a cru, une transformation du dualisme primitif, une doctrine introduite par le temps et la réflexion dans les croyances religieuses de la Perse ; elle date de l'origine même des cultes iraniens et se trouve proclamée en termes formels dans les Gâthâs : « Le mal sera anéanti par l'intelligence d'Ahoura-Mazda et par la vérité. » « Le mal sera détruit par la puissance de l'intelligence et de l'entendement (2). »

« La morale védique, dit M. Maury, repose sur deux principes qui sont ceux de la morale chrétienne, l'amour et la crainte des dieux, le désir d'en obtenir les bienfaits, et la peur d'en mériter les châtiments. »

Si l'homme pieux est digne de récompense, l'impie mérite les punitions divines. Les maux ne sont que des châtiments que les dieux nous infligent. La vertu est le meilleur moyen d'arriver au bonheur, et voilà pourquoi il faut la demander à Indra avec les autres biens, en le suppliant d'écarter de nous le mal et les maux qu'il entraîne à sa suite (3).

La morale zoroastrienne repose précisément sur les mêmes principes. Ahoura est sans cesse invoqué comme un dieu indulgent et bon pour l'homme vertueux, mais sévère pour le méchant : « J'annoncerai maintenant, s'écrie Zoroastre, ce qui doit arriver à celui qui accomplit les lois de la vie terrestre, les actions équitables ; et ce qui doit arriver au menteur, à l'homme plein de fourberie. » « Tous les biens seront donnés en partage aux hommes dévoués à Mazda d'esprit et de cœur. » « Les prêtres et les prophètes des idoles seront, au contraire, plongés pour toute l'éternité dans l'habitation du mensonge » (c'est-à-dire dans l'enfer). « Le bonheur plein et entier doit être cherché auprès des esprits célestes, du Sage-Vivant, de

---

(1) Boundehesch, II. 351 416
(2) Gathas, xxxii, § 4, xxx, v 11 et *Comment*
(3) Rig, I, 159 212 II 358. I. 201, 497. 498

la Bonne Pensée et de la Vérité, génies qui tous sont adorés comme *bons* (1). »

Une prière contenue à la fin du quatrième chapitre du Yaçna résume en peu de mots les principales idées sur lesquelles repose la partie morale du système religieux de Zoroastre : le bien ou la sainteté (*vaghô*), le sacrifice (*yaçna*), considéré comme le moyen d'y parvenir, et la pureté (*acha*), indiquée comme la condition nécessaire pour pouvoir célébrer le sacrifice et en obtenir les résultats.

Dans les Védas, les sacrifices et les prières sont également nécessaires au fidèle pour arriver au bien, pour expier ses fautes et pour mériter la bienveillance des dieux : « O Varouna, par nos invocations, par nos sacrifices, par nos holocaustes, nous voulons détourner ta colère. Viens, toi qui donnes la vie, roi prudent, délivre-nous de nos fautes (2). » Les lotions avec de l'eau pure, image naturelle de la purification morale, sont également un moyen de se rendre les divinités favorables : « Eaux purifiantes, emportez tout ce qui peut être en moi de criminel, tout le mal que j'ai pu faire par violence, par imprécation, par injustice. » Les libations, qui constituent une partie importante du sacrifice, produisent aussi des effets puissants pour l'expiation des fautes ; mais toutes ces pratiques extérieures pour l'Indien, comme pour le Perse, sont entièrement inefficaces, si elles ne sont pas accompagnées de la pureté morale : « La libation qui sent le péché, n'est qu'un simple ornement qui ne produit aucun effet (3). »

Les actes les plus énergiquement réprouvés par l'une et l'autre loi religieuse, sont l'impiété, le mépris des choses saintes, la négligence des devoirs religieux. La guerre contre le pécheur, l'impie, l'infidèle est de droit ; leur extermination est un des actes les plus agréables aux dieux, car ils doivent être anéantis, comme les esprits du mal eux-mêmes

---

(1) Gathas, xxxiii, v. 1, xxxi, v. 1, xlvi, v. 11 ; xxx, v. 11 et *Comment*
(2) Rig, p. 41.
(3) R., p. 297 à 99.

dont ils sont les partisans, les sectateurs, et auxquels on les assimile. « O Indra, ô Soma, détruisez celui qui loue le péché, triomphez du péché lui-même. Qu'il soit consumé comme l'holocauste qu'on jette dans le feu. Montrez une haine implacable au cruel Rakchasa, ennemi de la piété et terrible par son regard. » « Précipitez les impies dans leur noire prison, au sein des immenses ténèbres ; qu'aucun d'eux n'en puisse jamais sortir (1). »

Les hymnes des Gâthâs appellent également presque à chaque page le courroux des dieux sur les idolâtres, sur les Dévas, leurs prêtres et leurs adorateurs, considérés comme les représentants du mal sur la terre, comme cherchant à établir le règne des esprits mauvais sur les ruines de l'empire du bien, de la bonne vie, recommandée par Ahoura et révélée par les prophètes. « Pourquoi le menteur qui nous attaque avec violence, ne serait-il pas considéré avec raison comme un esprit noir? » (comme un mauvais génie).

« Grehma (sans doute un des ennemis de Zoroastre) a transmis les héritages des croyants à l'esprit mauvais, au meurtrier de cette vie; Grehma outrage à l'envi la mission de ton prophète qui veut défendre la vérité contre ses attaques……. Que Grehma soit enchaîné, que tous les prophètes des idoles soient expulsés ! »

« Je veux anéantir parmi vous les sacrifices des démons et les oracles….. Tu m'as envoyé dans ce but, Ahoura-Mazda, et je précipiterai le menteur dans la perdition (2). »

« Qu'aucun de vous ne prête l'oreille aux chants et aux préceptes du menteur, car il précipiterait sa maison, son village, sa province dans le malheur et la ruine. Immolons les menteurs avec l'épée (3). »

La *chasse* est prohibée tant par la loi védique que par celle

---

(1) Rig, iii, p. 181.
(2) Gathas, xxx, v. 6, 7, 8, xliv, v 12, xxxii, v. 12 et 13 v. 15 et 16.
(3) Gathas, ch xxxi, v 18.

des Mazdéens (1). Chez des peuples pasteurs et agriculteurs, il est naturel que le législateur blâme les exercices violents de la chasse, si attrayants pour l'homme et si propres à l'éloigner de l'agriculture et du soin des troupeaux. On sait que Moïse, pour détourner les Israélites de la vie errante, pour les contraindre à vivre des produits du sol cultivé par leurs mains, leur interdisait l'usage de la viande des animaux sauvages, tels que le çaphan ou lièvre du désert. Dans le même but, il ne leur permettait pas de se servir du cheval et leur ordonnait d'employer pour le culte de Jéhovah les libations d'huile et de vin, afin de les obliger à cultiver l'olivier et la vigne.

L'agriculture n'est dans les Védas l'objet que de prescriptions assez rares (2). Dans l'Avesta, au contraire, elle est présentée comme le seul genre d'occupation permis à l'homme et agréable à Ormuzd. « O Mazda, qu'aucun autre que l'agriculteur, disent les Gâthâs, quelque dieu qu'il adore, n'ait en partage la connaissance qui réjouit (*la bonne nouvelle*, Evangelium) (3). »

D'après les Védas, l'homme de bien reçoit ici-bas sa récompense (4) ; il jouit, dès ce bas monde, d'une félicité toute matérielle, mais il aspire en même temps à jouir, après la vie, d'un bonheur plus parfait, d'un bien plus durable et plus élevé.

L'âme, en effet, ne meurt point avec le corps ; dans ses transmigrations successives, elle visite tour à tour « la contrée » d'Yama et toutes les régions de la terre, de l'air, du ciel, de » la lumière, de l'horizon, du passé et du futur (5). »

Celui qui a été fidèle aux dieux, qui a été grand et généreux, va dans le ciel goûter une douce félicité. Les astres sont le reflet de l'éclat qui environne les fortunés habitants de la cour céleste (6).

---

(1) Rig, iv, 231, suiv.
(2) Rig, ii, 208.
(3) Gathas, xxxi, § 10
(4) Rig, ii, p. 11
(5) Rig, iv, p. 265
(6) *Id.*, 364. 310. 40. 259

Quant aux châtiments, ils ne sont point énoncés pour le méchant dans les premiers hymnes du Rig-Véda. Dans la dernière partie de ce recueil apparaît le mythe de Yama, roi des Pitris, qui devient dans la loi de Manou le juge des morts, qu'il récompense ou punit selon leurs œuvres; les bons montent au ciel, les méchants sont distribués dans les régions infernales.

Le mazdéieznan comme l'indien védique, aspire à une double félicité; il demande aux dieux les biens de la terre et ceux du ciel : « Esprit de vérité (Asha), accorde-nous cette vérité, richesse du bon esprit; et toi, Armaiti, accorde la richesse à Vistaçpa, ainsi qu'à moi. Fais-nous, ô Mazda, ô roi, entendre tes paroles qui donnent le bonheur. »

« Le Sage-Vivant, le gardien de la propriété, accorde la plénitude de ses biens, la prospérité et l'immortalité à foison et à perpétuité et le privilége du bon esprit à celui qui, par ses sentiments et par ses actes, s'est montré son ami (1). »

Le bonheur que demande le poète ne se trouve qu'auprès du dieu suprême : « La perfection n'habite que dans la demeure magnifique du Bon Sens, du Sage (Mazda) et du Vrai (Asha) (2)? »

Les Mazdéens, plus réfléchis que les Ariens védiques, ont déjà remarqué que l'homme de bien n'obtient pas toujours sur la terre la récompense qu'il mérite. Tous les biens, d'après les promesses traditionnelles, doivent être le partage de l'agriculteur, de l'adorateur du feu et d'Ahoura; et cependant les fidèles, les croyants sont souvent persécutés et dépouillés de leurs possessions par les idolâtres. Zoroastre s'en plaint dans plus d'un hymne. L'âme de la terre, dont les champs sont ravagés par les infidèles, s'écrie : « Pourquoi m'avez-vous créée? Qui m'a créée? La violence et la brutalité m'assaillent avec violence »... « Alors, est-il dit dans un autre passage, l'âme de la terre s'écria en pleurant : « Je ne puis exaucer la prière de l'homme faible qui désire les biens; je voudrais maintenant

(1) GATHAS. XXVIII, § 8; XXXI, § 21
(2) Id., xxx, § 10.

obtenir pour lui les richesses qu'il désire. Ahoura, donne-lui ce logement, et toi, Asha, donne-lui avec le bon sens cette possession qui procure le bien-être et le plaisir (1). »

Plus loin, le prophète paraît en butte à une persécution cruelle ; poursuivi de toutes parts, il erre de lieu en lieu, sans pouvoir trouver un asile sûr : « Vers quel pays me tournerai-je ? Où dois-je m'enfuir ? Quelle terre accordera sa protection au maître et à ses disciples..... Je suis sans protection... Jette les yeux sur moi, le fidèle parmi les fidèles ; vois comme je viens à toi en gémissant, Ahoura, pour que tu m'accordes le bonheur, comme un ami l'accorde à son ami (2). »

Mais si les dieux n'accordent pas toujours aux croyants la félicité terrestre, du moins ils lui assurent pour la vie à venir un bonheur sans mélange dans la splendide demeure du Bon Esprit, où retentissent éternellement les hymnes des chanteurs célestes qui célèbrent Ahoura-Mazda, et où l'on pénètre, en traversant le pont du *Collecteur*, c'est-à-dire du génie chargé de rassembler les âmes pour les conduire à leur dernier séjour : « L'homme ou la femme, dit Zoroastre, qui accomplit dans cette vie les œuvres excellentes, ainsi que tous ceux qui viennent à ma suite pour chanter les louanges d'Ahoura, j'irai avec eux sur le pont du génie, qui rassemble les âmes pour les conduire en paradis (3). »

Les méchants, les idolâtres, au contraire, seront précipités pour jamais dans les ténèbres infernales : « La demeure de ceux qui ne croient pas à la vérité est située loin du ciel étincelant (4). »

« Le propre esprit, le propre sens des idolâtres les pousse à la perdition, et avant qu'ils puissent arriver au pont du Collecteur des âmes, (leur propre esprit, leur propre sens) les plonge pour toute l'éternité dans la demeure du mensonge (5). »

(1) *Id.*, xxix, v. 9 ; v 10.
(2) Gathas, xlvi, v. 1 et 2
(3) *Id.* xxxiv, v. 2
(4) *Id.*, ch. xlvi, v 10.
(5) *Id* ch xlvi, v 11 ; ch. xlix v. 11

TROISIÈME PARTIE

TRAITS PRINCIPAUX DE L'ANTIQUE RELIGION
COMMUNE AUX INDIENS ET AUX IRANIENS.

CHAPITRE I.

LA RELIGION VÉDIQUE, OU ADORATION DES DÉVAS, N'ÉTAIT PAS LA RELIGION PRIMITIVE DES ARIENS.

La religion védique, telle que nous la trouvons exposée dans le Rig-Véda, avait succédé chez les Ariens à une religion antérieure, à une forme différente d'adoration.

Il semble à M. Martin Haug, avec raison selon nous, que le culte des Dévas, dans plusieurs de ses formes, grossier, orgiatique et belliqueux, n'avait été définitivement constitué que peu de temps avant les tentatives de réforme opérées par Zoroastre ou par les prophètes ses prédécesseurs.

L'adoration des forces naturelles déifiées sous le nom de Dévas et l'usage des libations enivrantes de soma s'étaient surtout propagés parmi les tribus pastorales, tandis que les tribus agricoles étaient restées fidèles à la simple et paisible pratique du culte du feu, célébré par les antiques prêtres ou Çaoskjantô, et à la croyance aux génies immatériels, présidés par le génie blanc ou bon génie de la vie (Vohou-Mano) (1).

Il est certain que Zoroastre basa tout son enseignement sur une religion antique qu'il considère comme seule vraie, qu'il oppose constamment au culte védique, et dont il attribue la révé-

(1) Martin Haug, *Die Gâthâs*, Vorwort

lation au Dieu suprême Ahoura-Mazda par l'intermédiaire des anciens prophètes (maretânô, parleur) et des oracles du feu et de la terre, au témoignage desquels il en appelle fréquemment (1).

L'hymne neuvième du Yaçna dans lequel Haoma énumère les saints ou prophètes anciens qui, comme les patriarches de la Bible, forment la chaîne des antiques adorateurs du vrai Dieu, des premiers révélateurs de la vraie foi, établit clairement que l'intention de Zoroastre, en en appelant à l'autorité de ces saints, de ces sages, est de représenter sa doctrine comme conforme à la religion qu'ils avaient enseignée. Le culte qu'il combat, au contraire, c'est-à-dire le culte des Dévas, est une altération profonde, une indigne corruption de la foi primitive.

La tradition parse, d'accord sur ce point avec les idées contenues dans les écrits de Zoroastre, nous présente elle-même ce prophète moins comme le fondateur d'une religion nouvelle, que comme un réformateur dont l'unique mission était de ramener les tribus iraniennes à la fidèle observation des croyances, des mœurs et des rites anciens. Des sectes dissidentes qui sont nées plus tard, mais qui probablement se rattachent plus ou moins à des opinions antiques, confirment notre opinion, en n'attribuant à Zoroastre d'autre rôle que celui de soi-disant réformateur. Elles lui reprochent, en effet, d'avoir lui-même corrompu cette religion primitive, dont il se présentait à tort, selon elles, comme le restaurateur et l'interprète (2).

Il est facile, en parcourant avec attention les hymnes du Rig-Véda, d'y retrouver des vestiges de cette religion antique, à laquelle les Gâthâs font si souvent allusion.

Ainsi que nous l'avons remarqué déjà, un grand nombre de poètes des Védas ne donnent pas aux divinités le titre de *Dévas*, mais bien celui d'*Asouras*, épithète qui, selon les Gâthâs, était le nom propre des génies célestes et même du Dieu su-

(2) Martin Halg, *Die Gâthâs*, p. 93 et 105
(2) *Id. Die Gâthâs*. — Spiegel, *Avesta*. t. II p 216 — Michel Nicolas, *Du parsisme*, Revue Germanique, 1859.

prême dans l'ancienne religion, et qui fut en conséquence conservée avec ce sens par Zoroastre et ses partisans. L'emploi de cette expression, *Asoura*, dans certains hymnes védiques, avec le sens de divin, de saint, nous semble une réminiscence de l'ancienne croyance ; ce qui est d'autant plus certain, qu'un grand nombre d'hymnes emploient ce mot avec une signification toute contraire, c'est-à-dire avec celle de démon, d'être malfaisant. Les premiers de ces hymnes ont probablement été composés à une époque où la scission entre les deux cultes n'existait pas encore ; les seconds, à une époque postérieure à l'établissement du mazdéisme.

Dans un grand nombre de passages du Rig, les Dévas n'apparaissent pas avec les caractères d'éternité, d'infini, d'absolu, qui d'ordinaire sont le partage de la divinité. Il y en a de vieux, de jeunes, de moyens ; on assiste à leur naissance et à leur mort ; Indra lui-même est une création des prêtres ou Richis. « Prenant tour à tour chaque énergie divine, ces sages » magiciens en ont fait une forme dont ils ont revêtu Indra » (II, p. 57). — Comme la mort avait été établie pour la race » humaine, elle le fut aussi pour les Dévas (IV, p. 151). » Le règne d'Indra, selon la loi de Manou, ne doit avoir qu'une durée limitée. Ce *dieu des dieux* sera lui-même, un jour, remplacé par celui des dieux, des Asouras ou des hommes, qui aura le mieux mérité cet honneur (1).

Les Dévas, d'après certains hymnes, n'ont pas même d'existence positive et réelle ; les noms d'Indra, de Mitra, de Varouna, d'Agni ne sont que des désignations diverses de l'Être unique, éternel, tout-puissant, qui réside au ciel. Cet être, c'est l'*Esprit divin* (2). Ces idées, qui sont celles du Nirouhta, recueil le plus ancien d'interprétations du Rig, ont été puisées dans les hymnes védiques eux-mêmes.

Nous retrouvons dans cet *Esprit divin* une conception familière aux Gâthâs, dont le premier chant est adressé à cet être

(1) *Lois de Manou*, p. 86, note de M. Loiseleur de Longchamp
(2) Rig-Véda, I, 389, II, 203

qui n'est autre que le Dieu suprême : « J'élève avec dévotion mes mains vers le ciel, et j'adore d'abord toutes les œuvres véridiques du sage Saint-Esprit (Mainjeus-Mazdaô-Çpèntahjâ). »

Cette communauté d'idées entre les Védas et les plus anciens hymnes des Perses est bien remarquable, surtout si l'on admet avec M. Martin Haug que l'hymne premier des Gâthâs est l'œuvre d'un prophète antérieur à Zoroastre. Si cette supposition, étayée sur des preuves assez concluantes, est conforme à la vérité, nous trouvons ici un monument authentique de cette religion ancienne des Aryas dont nous cherchons les traces, et la conception de l'Être suprême nous est présentée sous une de ses formes les plus anciennes par l'un des adeptes mêmes et des contemporains de cette foi antique (1).

Un témoignage du peu d'antiquité relative du culte des Dévas, tel qu'il est retracé par les Védas, nous est fourni par plusieurs hymnes du Rig qui nous font assister à la création de nouveaux Dévas et à des modifications fondamentales du culte primitif.

Les Ribhous, par exemple, prêtres ou personnifications mythologiques, ne sont reçus dans le panthéon védique qu'à la suite d'une lutte contre Twachtri, dans laquelle M. Nève croit voir la première application de l'apothéose ou déification des êtres humains (2).

Ailleurs le poëte nous fait assister à une transformation importante du culte, en nous racontant comment fut divisée en plusieurs parties la coupe des libations d'abord unique. A la suite de ce partage ou de cette multiplication de la coupe, les diverses fonctions du culte furent, elles aussi, divisées entre les assistants, et peut-être faut-il voir dans ces diverses circonstances le triomphe définitif du polythéisme védique et le démembrement du culte primitif, qui ne s'adressait qu'à un seul dieu dans chaque tribu, et n'était célébré que par un seul prêtre.

(1) M. Haug, *Die Gâthâs*. I, § 1 et 2
(2) Nève *Du mythe des Ribharas* — Rig Véda I, 33, 373.

Cette coupe, unique elle-même, avec laquelle se faisaient les libations de lait ou de soma, n'était pas d'institution fort ancienne; elle avait été faite par Twachtri, l'artisan divin, et les poëtes védiques l'appellent « la coupe *encore nouvelle* du divin Twachtri (l. II, hymne 1ᵉʳ, § 6). » Il est impossible d'énoncer plus clairement le peu d'antiquité de l'une des principales institutions du culte védique.

Le sacrifice et la libation, très-simples dans la religion primitive, se compliquèrent étrangement par la suite. A l'origine, le père de famille, placé sur le gazon sacré, répandait simplement dans le creux d'une pierre la libation de beurre fondu, de caillé, ou le jus du soma (I, 276, 47), et invitait le dieu à venir s'y désaltérer. Plus tard, on filtra le jus jaunâtre du soma pour lui enlever sa *couleur d'or*, célébrée par les hymnes zoroastriens ; on le mélangea avec de l'orge, du beurre clarifié; on le laissa fermenter, et on lui donna ainsi cette faculté enivrante contre laquelle s'élèvent avec tant d'indignation les poëtes des Gâthâs et des autres parties de l'Avesta. Il est facile de suivre dans le Rig ces transformations diverses du culte ancien (1).

Le culte des Dévas ne s'établit donc que progressivement parmi les Ariens, et des divisions religieuses s'élevèrent souvent entre les tribus à l'occasion de son établissement. Nous avons déjà donné de cet antagonisme religieux des exemples qu'il nous serait facile de multiplier.

Viçvâmitra, sage et poëte, dont le nom, ainsi que celui du saint Vasichtha, désigne sans doute non-seulement un individu isolé, mais toute une famille, corporation ou tribu de prophètes ou prêtres, ne semble pas toujours avoir vécu en paix avec ce dernier. Viçvâmitra et les siens sont, à une certaine époque, entrés en lutte avec les Vasichthas contre lesquels ils ont dirigé des malédictions ou imprécations violentes, que le Rig-Véda nous à conservées.

Il est souvent question dans le Rig-Véda de luttes entre les

---

(1) A. Maury, *Essai historique sur la religion des Aryas.*

divers Dévas. Indra est appelé le *vainqueur de Twachtri* (II, 70), que le commentateur regarde dans ce passage, non plus comme une divinité bienfaisante, mais comme un asoura ennemi d'Indra. Agni, le feu terrestre ou céleste, le médiateur entre l'homme et les dieux, est opposé souvent à un Agni cruel et sanguinaire que les Védas appellent *mangeur de chair* : « J'éloigne cet Agni qui mange la chair; qu'il aille dans l'empire d'Yama emportant avec lui le péché (IV, 158). » Les noms de Varouna, d'Aryaman, d'Asoura, désignent tantôt des dieux propices et secourables, tantôt des divinités malfaisantes, des démons ennemis des Dévas.

Ces diversités de caractère attribuées à un même dieu doivent évidemment résulter d'une différente manière de voir des tribus chez lesquelles ont été composés les hymnes védiques, et il y a dans cette diversité des notions religieuses un vestige d'antagonisme qui explique les luttes fréquentes des Ariens.

Chez tous les peuples du monde, les diverses tribus adorèrent à une certaine époque, outre les dieux généraux de la nation, des divinités spéciales à chaque tribu et parfois à chaque famille. On trouve dans la Bible, au livre des Juges, les traces d'un culte pareil. Les quatre anciennes tribus de l'Attique, du temps de Cécrops, avaient chacune une divinité spéciale dont elles portaient le nom; au temps de Thésée, chacun des bourgs de la même contrée avaient encore un culte et des dieux spéciaux. En Égypte de même, chaque nôme avait ses divinités particulières, et Hérodote nous apprend que le plus souvent celles qui étaient adorées dans un lieu, ne l'étaient pas dans un autre. Il n'en fut pas autrement dans l'ancienne Arie, et les vestiges du culte de ces dieux de tribus ont subsisté si longtemps dans l'Inde et dans la Perse, qu'on voit dans les inscriptions cunéiformes de Persépolis, récemment déchiffrées, le roi Darius invoquer, après le Dieu suprême Ahoura-Mazda, les dieux particuliers de sa tribu (1). « Qu'Ahoura-Mazda me

---

(1) Michel Nicolas *Du parsisme*

« protége avec le dieu du clan, » est une formule qui revient souvent dans ces inscriptions. Chaque tribu avait donc, sinon une religion totalement différente de celles des autres tribus, du moins certaines divinités spéciales et certains modes particuliers d'adoration. Souvent la tribu s'appelait du nom de son dieu ; c'est ainsi probablement que la caste des Ksattryas ou guerriers de l'Inde est issue d'une tribu portant ce nom et placée sous l'invocation du dieu *Ksattra*, la richesse, la puissance. De même, la caste des Brahmanes fut ainsi appelée du dieu *Brahma*. N'oublions pas que, selon la remarque profonde de Niebuhr, on retrouve toujours la tribu comme principe de la caste.

CHAPITRE II.

LA DIVERSITÉ DES CONCEPTIONS RELIGIEUSES CORRESPONDAIT CHEZ LES TRIBUS ARIENNES A LA DIVERSITÉ DES MŒURS ET DU GENRE DE VIE.

Il est probable que les noms des auteurs des hymnes védiques dont plusieurs, comme Indra, Indrani, Sraddhâ, Viçvamitrâ, Trita, Aptya, etc. (1), sont aussi des noms de divinités, étaient en même temps des noms de familles ou de tribus de prêtres, qui, comme les Asclépiades, les Eumolpides et les autres familles sacerdotales de la Grèce, conservaient héréditairement dans leur sein les soins du culte de certaines divinités et la mémoire des chants sacrés relatifs à ce culte. Les hymnes attribués à Vasichtha, pour ne citer qu'un exemple, finissent ordinairement par cette invocation : « O Agni, fils de la force, les *Vasichthas* t'implorent..... donne-nous l'abondance, à nous *chantres* ou *seigneurs* » (III, 38, 40, 41). Les Vasichthas formaient donc une famille ou tribu composée de poètes et de seigneurs, ou, en d'autres termes, de prêtres et de guerriers ; telle était, en effet, la composition de toutes les familles *nobles* de l'antiquité. De même, les Cavis

---

(1) Ric, I, 158 ; IV, 269. — Indra, se célèbre lui-même; la déesse Indrani a composé un hymne ; il en est de même de Sraddhâ, la foi religieuse.

ou Cavajas, chez lesquels on trouvera peut-être un jour l'origine des célèbres tribus des Cabires, étaient des prêtres ou adorateurs des dieux Cavis ou Cavyas.

Les Bhrigous, d'une simple famille qu'ils étaient à l'origine, devinrent un peuple tout entier; ce sont les Briges dont parle Hérodote.

Les noms d'Angiras, de Ribhous, de Marouts désignaient à la fois des divinités et des tribus ou familles sacerdotales.

Les diverses tribus de la race arienne n'avaient ni les mêmes mœurs, ni le même genre de vie, et l'on peut sous ce rapport les diviser en trois grandes catégories, correspondant à trois formes de société différentes : les unes vivaient surtout des productions naturelles de la terre, de la chasse, de la pêche, et étaient dans un état à demi-sauvage. Les autres, c'étaient les plus nombreuses, tiraient leur principal moyen de subsistance des produits de leurs troupeaux; leur genre d'existence n'était point sans analogie avec celui des anciens Hébreux. Une troisième classe, peu nombreuse, paraît-il, à l'époque où furent composés les hymnes du Rig-Véda, vivait de l'agriculture et considérait ce genre d'occupation comme le seul noble, le seul agréable aux dieux.

Que certaines tribus ariennes aient eu, comme les peuplades du Nouveau Monde, la chasse et la pêche pour principal moyen de subsistance, c'est ce qui ne saurait être douteux en présence du témoignage formel du Boundehescht, qui déclare que la chasse fut le premier et le plus ancien moyen d'existence pour l'humanité.

Les Védas comprennent la chasse parmi les actions prohibées, la loi de Manou défend la chasse aux classes supérieures et déclare cet art réservé aux castes abjectes des Tchandalas. Pour que ces prohibitions fussent nécessaires, il fallait bien que les diverses tribus éprouvassent un grand attrait pour la vie errante et aventureuse du chasseur. Le législateur s'efforce de combattre ce penchant, afin d'habituer les Ariens à l'existence paisible et sédentaire. On trouve dans la loi de

Moïse de prohibitions analogues édictées dans le même but.

Les tribus pastorales, à l'époque du Rig, étaient les plus nombreuses ; les bœufs, les vaches, les chevaux constituaient leur principale richesse. Plus avancées en civilisation, mieux gouvernées, plus unies entre elles que les tribus chasseresses, elles luttaient avec avantage contre celles-ci, en même temps qu'elles dépassaient les tribus agricoles par leur puissance, leur audace, leur esprit d'entreprise, résultat nécessaire d'une vie errante et aventureuse. C'est dans le sein de ces tribus de pasteurs que vivaient les poètes auteurs des hymnes védiques.

L'existence d'une troisième classe de tribus ariennes, plus spécialement adonnée à l'agriculture et menant de préférence la vie sédentaire, est démontrée tant par certains passages du Rig (II, 208) que par les hymnes des Gâthâs qui placent l'agriculteur au-dessus de tous les autres hommes, le considèrent comme le préféré d'Ahoura-Mazda et comme seul digne d'entrer un jour dans la demeure des bienheureux. La langue sanscrite désigne par deux expressions diverses le genre de vie des nomades et celui des Ariens sédentaires. Les premiers, qui n'ont que des demeures frêles et provisoires et qui changent de place à chaque instant, sont les *Djagatas* ; les seconds, qui s'arrêtent dans un lieu pour s'y fixer et le cultiver, sont appelés *Tasthuschas* (1).

A ces trois formes diverses d'état social correspondaient chez les Ariens trois formes religieuses différentes.

On voit à chaque instant dans les Védas la trace de luttes soutenues par les tribus védiques contre des ennemis sauvages et grossiers, auxquels sont prodiguées les épithètes d'ennemis (*ari, dvisch, çatru*), de voleurs (*dasyous*), de loups (*vrika*). Ces hordes, sans frein, sans loi, sans religion, sont appelées par les poètes védiques *les troupes de ceux qui ne font pas de libation*. Les dieux Marouts sont *les meurtriers de ceux*

---

(1) NÈVE *Essai sur les Ribhavas* — TH. MOMMSEN, *Histoire romaine*.

qui n'offrent point de sacrifices. Agni, est-il dit ailleurs, écrase partout, comme avec une massue, *des ennemis ne faisant aucune offrande* (1).

De ces ennemis (*dasyous*), dont il est si souvent question dans les Védas, les uns semblent avoir appartenu à une race noire distincte de celle des Aryas. C'est peut-être à ceux-ci que fait allusion le poète, lorsqu'il s'écrie : « Les rayons brûlants de Soma arrivent au son des hymnes, ils brûlent les impies, ils repoussent par leur sainte magie cette race à peau noire ennemie d'Indra. » Les autres faisaient partie des tribus sœurs de celles des Ariens védiques. La loi de Manou réunit, en effet, sous le nom de *dasyous* (voleurs) tous les hommes exclus de leur caste pour avoir négligé leurs devoirs, soit qu'ils parlent la langue des barbares, *Mlétchlas*, ou celle des hommes honorables, *Aryas* (2). Le terme de dasyou servit donc à désigner successivement les populations errantes et sauvages ennemies de la race arienne, les tribus de cette race les moins civilisées et étrangères au culte des Dévas, et enfin, plus tard, les membres de la société indienne ayant mérité par leur conduite d'être exclus de leur caste.

Ces tribus de Dasyous, auxquels les Védas reprochent de n'avoir aucune religion, en avaient cependant une, de même que toutes les peuplades chasseresses ; mais ce culte cruel et grossier, comme les mœurs de ceux qui le pratiquaient, semblait aux Ariens védiques la négation même de tout principe religieux.

Peut-être l'*Agni mangeur de chair*, l'*Agni dont le char est de chair*, dont parlent les Védas, ainsi que le *Djemschid mangeur de chair*, dont il est question dans les hymnes du Yaçna, étaient-ils les objets d'adoration de ces peuples qui leur sacrifiaient des victimes humaines. Il est certain que les sacrifices humains avaient fait anciennement partie du culte des Ariens. Une cérémonie, rapportée par le Yadjour-Véda, con-

---

(1) RIG-VÉDA, IV, 49 — NÈVE, *Ribhavas*, ch. III
(2) MANOU, X, 45

sacre à la fois l'abolition et le souvenir de ce mode cruel d'adoration (1), qui avait bien pu se conserver parmi les tribus ariennes les moins éclairées et séparées des autres par leur vie errante au milieu des forêts et des montagnes.

Les membres de ces tribus étaient, comme leurs dieux, appelés *mangeurs de chair*. M. Max. Muller pense que ces termes s'appliquaient aux tribus qui mangeaient de la chair crue et qui étaient un objet d'aversion pour les autres tribus. *Kravya-ad* et *Ama-ad* sont des termes appliqués encore aujourd'hui dans l'Inde aux tribus les plus barbares et qui excitent dans cette contrée autant d'horreur et de répulsion que ceux d'ωμοφαγοι et de κρεωφαγοι en soulevaient dans la Grèce antique (2). *Mangeur de chair* était en Grèce un des titres de Bacchus, et comme ce dieu descendait du Soma védique, on peut en conclure qu'à l'époque de l'émigration des tribus ariennes en Grèce, ces tribus offraient à ce dieu un culte sanglant; peût-être même est-ce à l'horreur qu'excitait ce culte chez les autres Ariens, qu'il faut attribuer l'expulsion de l'Arie *des mangeurs de chair*, comme l'étaient la plupart des peuplades qui pénétrèrent en Europe. Les Hellènes, les Italiotes, en effet, aussi bien que les Celtes, les Germains, les Scandinaves, offraient à leurs idoles des victimes humaines. Peut-être faut-il aussi chercher dans cette pratique religieuse les traces d'une coutume plus horrible encore, si, comme l'affirme le philosophe Ballanche, les sacrifices humains, partout où ils ont été en usage, sont une transformation de l'anthropophagie. L'homme, se figurant les dieux à son image, leur offrait le mets qui lui semblait le plus délicieux, la chair de son semblable (3).

Les adorateurs par excellence des Dévas, les Ariens védiques, avaient pour principale industrie l'art pastoral, le soin des troupeaux; l'agriculture ne venait chez eux qu'en

---

(1) A. MAURY, *Essai*, 4ᵉ art. d'après Lassen, p. 788.

(2) *Mythol. comp.*, p. 31.

(3) L'adoration de Roudra sous le nom de Siva et le culte du Lingam faisaient peut-être également partie de la religion de ces tribus barbares.

seconde ligne, et ils ne connaissaient qu'un fort petit nombre de cultures (1). « Que nos vaches soient fécondes et robustes ; qu'elles fassent notre joie et nous donnent une nourriture abondante (I, p. 51), » s'écrient à chaque instant les chantres védiques. De riches moissons, la libéralité de la terre sont également l'objet de leurs vœux, mais à un moindre degré que la multiplication et la prospérité des troupeaux. Le caractère pastoral de ces peuplades se révèle parfaitement dans leur langage : pour eux, toute richesse, toute abondance, tout ce qui peut procurer un avantage quelconque, est appelé *vache*. Ainsi le sacrifice est une *vache* ; la terre est une *vache féconde* ; les nuages, qui portent la pluie, ou les rayons bienfaisants de la lumière sont des *vaches célestes*. Une foule d'autres mots, indiquant la force, l'opulence, la puissance, dérivent également de termes empruntés à l'art pastoral. Leur culte est une conséquence directe de leur genre de vie. Au lieu d'employer, comme les cultivateurs, le vin et l'huile pour leurs libations, ils ne font usage que de lait, de beurre, de caillé, ou du jus de soma, extrait d'une plante qui croît naturellement dans leurs contrées. La loi de Manou, que les Indiens considèrent comme d'accord en tous points avec les Védas, attache si peu de considération à l'agriculture, qu'elle regarde ce genre d'occupation comme tout à fait indigne des castes supérieures de la société : « Certaines gens, dit cette loi, approuvent l'agriculture, mais ce moyen d'existence est blamé des hommes de bien. » — « Un brahmane ou un kchattrya contraint de vivre des mêmes ressources qu'un vaisya, doit avec soin éviter le labourage (2). »

Nous devons donc penser que, s'il se trouve dans les Védas des hymnes favorables à l'agriculture et qui la célèbrent comme un art honorable, ces hymnes sont émanés des quelques tribus de laboureurs qui n'adoptèrent jamais dans son ensemble le culte des Dévas ; qui, au contraire, protestèrent

(1) Th. Mommsen, *Histoire romaine*
(2) Manou, X, 83, 84.

sans cesse contre certaines parties de ce culte, et qui finirent, à la suite de Zoroastre, par l'abandonner entièrement.

C'est dans les hymnes des Gâthâs et du Yaçna que l'on peut voir combien était profond l'antagonisme qui séparait les tribus sédentaires et agricoles des tribus pastorales et souvent nomades des Ariens védiques. Les prêtres de ces derniers y sont représentés comme « des prophètes de mensonge, qui séduisent les hommes et les excitent non-seulement à ne pas s'adonner à la culture des champs, mais encore à ravager les terres cultivées et à nuire aux amis de la vérité. Pour assurer leur empire sur les hommes sans intelligence qui leur obéissent, ils appellent à leur aide les sortiléges, les arts trompeurs et les illusions que procure la liqueur enivrante (le soma) dont ils vantent la sainte vertu (1). »

La plus profonde haine contre les ennemis de l'agriculture se manifeste à chaque page des livres sacrés des Iraniens; les laboureurs, au contraire, y reçoivent toutes les bénédictions, tous les encouragements d'Ahoura-Mazda et de son prophète. « Celui qui cultive la terre, dit un passage de l'Avesta, est aussi agréable à Ahoura-Mazda que s'il avait donné l'être à cent créatures. » — « Aucun autre que l'agriculteur, dit le Yaçna, quelque dieu qu'il adore, ne doit avoir en partage la bonne nouvelle (evangelium), c'est-à-dire que l'agriculteur seul peut connaitre la loi divine d'où résulte le salut (2). »

De cette tendance du zoroastrisme à faire prévaloir la vie paisible et sédentaire de l'agriculteur sur la vie errante du pâtre, on a voulu conclure que l'agriculture ne s'était établie dans la famille arienne qu'après la réforme opérée par Zoroastre. Mais, outre que plusieurs passages des Védas établissent suffisamment que les choses ne se sont point passées ainsi, et qu'un grand nombre de tribus, bien avant Zoroastre, s'adonnaient à la culture des champs, on a remarqué avec raison qu'un changement aussi considérable que le passage

---

(1) Yacna, xxxi, xxxii, xxxiii.
(2) Gâthâs, xxxi, § 10. Traduction de M. Martin-Haug.

de la vie nomade à la vie sédentaire, n'avait pu s'accomplir à la voix d'un seul homme, quelque puissante qu'on veuille la supposer (1).

Moïse jeta chez les Israélites les bases d'une semblable transformation sociale, mais ce n'est que plusieurs siècles après sa mort qu'elle fut accomplie d'une manière complète. Certainement l'agriculture était connue parmi les Aryas à l'époque de Zoroastre, et c'est probablement en étudiant son heureuse influence sur les mœurs, en observant la supériorité de la vie morale de l'agriculteur sur celle du nomade, que le fondateur du mazdéisme conçut l'idée de rattacher sa doctrine aux usages des tribus ariennes vouées à la culture des champs, et d'amener celles de ces tribus qui étaient encore nomades à embrasser un genre de vie et un culte plus conformes l'un et l'autre au bon sens, plus favorables aux bonnes mœurs et à la prospérité publique que leur mode errant d'existence et que le culte qu'elles pratiquaient.

Ces tribus agricoles chez lesquelles Zoroastre paraît avoir trouvé les premiers éléments de sa doctrine, professaient le culte du feu, mais sans y joindre la libation de soma, du moins sous la forme enivrante qu'elle avait chez les pasteurs. Selon M. Haug, elles adoraient des génies blancs ou bons génies, opposés à des génies noirs ou génies du mal. L'esprit de la terre et la terre elle-même dont le sein fécond les enrichissait, recevaient aussi leurs hommages sous différents noms, et peut-être reconnaissaient-elles un dieu suprême sous le nom de *Vohu-Mano*, la bonne Pensée, le bon Esprit, ou d'*Ahoura-Mazda*, le vivant Savant. Il est probable, du reste, que tout en se basant sur un fond commun, les croyances n'étaient pas identiques parmi toutes les tribus.

Zoroastre et ses disciples se présentent toujours comme des interprètes, et des conservateurs des antiques croyances, de l'ancien culte altéré par les adorateurs des Dévas. Ce qu'ils

1) MARTIN HAUG, *Die Gâthâs*, p. 73 et 92, 120, 121 et 185. — MICHEL NICOLAS, *Du parsisme* Revue German. 1859.

reprochent surtout à ces derniers, c'est le mépris de l'agriculture et l'adoration des Dévas, qui ne sont pas des dieux, mais des êtres créés par la déraison, ennemis du bon sens et ardents à faire le mal. Ils blâment également la libation enivrante du soma et ses funestes effets sur la raison humaine, les comparant à une funeste magie qui obscurcit la lumière de l'intelligence et enfante de vaines illusions. Nous retrouvons, en effet, dans les Védas des traces évidentes d'un culte orgiastique; les dieux sont sans cesse représentés comme s'enivrant de soma ; des expressions, des images obscènes sont employées dans un grand nombre de passages. Cependant, même en tenant compte de toute la distance qui sépare l'expression poétique des idées d'un peuple de sa vie réelle, nous avons peine à reconnaître dans le naïf et poétique hindou du Rig-Véda ce *mangeur de chair* que le Yaçna nous représente comme un être cruel, grossier, ennemi de toute vérité, de toute justice. Peut-être devons-nous penser avec M. Michel Nicolas que le naturalisme des Védas n'est qu'une forme adoucie de la religion antique des pasteurs ariens. « On peut croire que la réforme zoroastrienne réagit sur ses adversaires, et que, sans vaincre leur opposition, sans modifier même leur tendance, elle leur inspira quelque chose de cette douceur de mœurs qui la distingue et qu'elle considère comme l'inévitable apanage de l'homme de bon sens (1). »

(1) Michel Nicolas, p. 76.

CHAPITRE III.

DE LA NOTION DE LA DIVINITÉ CHEZ LES ARYAS, AVANT L'ÉTABLISSEMENT DU VÉDISME ET DU ZOROASTRISME.

Le culte du feu, tel nous paraît être le lien religieux commun qui rattachait entre elles les tribus ariennes.

Ce culte, un dans son essence et dans son principe, variait de formes selon le degré de civilisation des diverses tribus sœurs.

Chez les chasseurs, il était accompagné de sacrifices humains.

Chez les pasteurs, il était uni au culte d'Indra, dieu cruel et guerrier, ainsi qu'à la libation enivrante du soma, qui jetait les officiants et les assistants dans un état violent et extatique.

Les agriculteurs pratiquaient ce culte sous son mode le plus moral et le plus simple; leurs libations étaient de lait, de caillé, ou de soma non fermenté. Le feu était pour eux la révélation, la manifestation des bons génies.

Examinons maintenant plus spécialement sous quelle forme dut se présenter chez ces peuples la notion divine, l'idée même de la divinité, antérieurement à l'établissement du védisme et du zoroastrisme.

Hérodote dit, en parlant du culte primitif des Pélasges, descendants des Aryas : « Les Pélasges, au commencement, dans leurs sacrifices se contentaient d'invoquer des dieux..... Ils ne donnaient à aucun d'eux, ni surnom, ni nom quelconque, car ils n'en connaissaient point encore... »

Cette assertion, comme la plupart de celles du Père de l'histoire, a été fréquemment combattue, mais nous pensons qu'elle est cependant parfaitement conforme à ce qui a dû se passer à l'origine. L'étude des antiques religions de l'Inde vient, dès aujourd'hui, lui donner une confirmation bien remarquable, puisqu'il est démontré que les dieux des ancêtres des Pélasges, des antiques Aryas, n'avaient, eux aussi, pas de nom et n'étaient désignés que par de simples attributs. « Partout, dit M. Langlois (1), où l'arya voit un rayon de cette clarté, de cette force, de cette abondance, de cette charité dont il a besoin, il adore Dieu..... Ce Dieu n'a pas de nom, on ne le désigne que par ses attributs. »

C'est probablement du védisme que datent dans l'Arie les personnifications distinctes et les noms propres des dieux, empruntés pour la plupart aux éléments. L'émigration des Pélasges dans les îles et sur le continent de la Grèce datait peut-être d'une époque antérieure à cette transformation de la religion antique des Aryas, et c'est à ce fait qu'il faudrait attribuer le petit nombre de noms de divinités communs à la fois à la Grèce et à l'Inde.

Le nom de Jupiter, appliqué par les Grecs et les Latins à un dieu spécial, n'est chez les Aryas que le nom générique de la divinité. Quant aux autres dénominations qui seraient communes aux Védas et aux cultes helléniques, elles pourraient avoir été importées en Europe par des émigrations postérieures, comme le fut, par exemple, le culte de Bacchus, imité de celui du Soma védique.

Le fait que, si les noms diffèrent, les caractères des dieux sont

---

(1) Préface de la traduction du Rig.

cependant analogues dans les deux religions, que Roudra, par exemple, ressemble à Apollon, Trita à Hercule, les Açwins à Castor et Pollux, n'infirme en rien notre opinion ; car, au fond, les conceptions religieuses, comme les peuples, ayant une même origine, il n'est pas étonnant que les produits religieux fussent analogues; que les divinités issues d'un même génie, d'un même sentiment religieux, fussent à peu près identiques dans leurs caractères et leurs attributs.

« Une religion, selon la remarque de M. Langlois, est la représentation, par le moyen de symboles extérieurs, de l'idée qu'un peuple s'est fait de la nature divine (1). » Quels furent ces symboles à l'origine, ou, en d'autres termes, quelles furent les épithètes par lesquelles les peuples anciens désignèrent la divinité, puisque le symbole, à une époque où l'art plastique n'existait pas encore, ne pouvait s'exprimer que par le langage parlé?

Nous pouvons répondre, *à priori*, que ces symboles furent empruntés à l'ensemble de la création, au monde réel ou au monde imaginable, tel que l'homme pouvait le concevoir à ces âges reculés.

Nous pouvons ajouter que ces épithètes désignèrent une supériorité quelconque, physique ou morale, l'idée même de la divinité étant adéquate à celle d'un ou de plusieurs êtres d'une essence supérieure en tout ou en partie à la nature humaine.

Une étude peut-être trop spéciale des Védas, qui sont le monument le plus ancien du naturalisme ou adoration de la nature physique déifiée, a pu amener quelques écrivains à penser que la tendance correspondante à ce culte dominait seule à l'origine, c'est-à-dire que l'esprit humain était incapable à ses débuts de comprendre les idées et les pensées intellectuelles et morales; que le champ de ses conceptions ne s'étendait pas au delà des notions matérielles, des images empruntées au monde visible.

(1) Préface du Rig-Véda, p. 3

C'est là une erreur assez généralement répandue et contre laquelle il importe d'autant plus de se prémunir que les faits la démentent d'une manière formelle. Le langage, ce témoin infaillible des premiers phénomènes de la pensée humaine, nous montre cette pensée concevant et distinguant, dès l'origine et par le seul effet de sa spontanéité, l'ordre réel des choses dans son ensemble, les deux sphères d'activité dans lesquelles il lui est donné de se mouvoir, le monde physique et le monde moral.

Si l'homme primitif, en effet, n'avait eu que des notions matérielles, il n'aurait pu employer pour se désigner lui-même, pour exprimer sa propre nature, qu'une image, qu'une expression empruntée à la partie physique de son être, telle que la force, la grandeur, la puissance ; or, loin qu'il en soit ainsi, le nom même du premier homme, *Manou*, selon les Védas, vient du radical *man*, penser, réfléchir. De la même racine dérive le mot *mas*, qui signifie génie. C'est donc uniquement au monde intellectuel que fut empruntée l'expression par laquelle les Ariens désignèrent l'homme. Il en fut de même de plusieurs des images par lesquelles ils se représentaient la divinité.

Dieu était *Cavi*, intelligent, *Asha*, véridique, *Çuddhas*, pur, vertueux, *Brahma*, parfait (*Bahr*, effectuer, exceller).

Un grand nombre d'autres épithètes divines pouvaient s'appliquer soit à la nature morale, soit à la nature physique des dieux ; telles sont les suivantes : *Asoura* ou *Ahoura*, auteur de la vie et du mouvement; *Védhas*, c'est-à-dire existant au sein de cette puissance inerte à laquelle il communique son énergie; *Déva*, c'est-à-dire brillant, resplendissant de l'auréole divine ; *Kchattriy*, riche, puissant; *Baghâs* distributeur de la richesse, de la fortune ; *Viçnou*, conservateur du monde (de *vis* lancer, pénétrer) ; *Çiva*, adorable, de *çaiv*, adorer, respecter (1).

Chaque tribu employait pour désigner la divinité les épithètes qui lui semblaient le plus propres à rendre l'idée qu'elle

---

(1) LANGLOIS, *Préface du Rig.* — EICHOFF. *Parallèle des langues de l'Europe et de l'Inde*

s'en faisait, et qui servaient en même temps aussi, sans doute, à distinguer son culte de celui des tribus voisines. C'est ainsi que les quatre tribus de l'Attique avaient chacune une divinité spéciale, et que des tribus sémitiques, les unes désignaient l'Être suprême par les noms d'El ou d'Élohim, les autres par celui de Shaddaï ou de Jéhovah.

Les tribus les plus grossières, les moins enclines aux idées morales, employaient les épithètes empruntées aux objets ou aux forces naturelles; c'est ainsi que naquit le védisme. Les tribus les plus morales et les plus éclairées usaient de préférence des épithètes empruntées au monde moral; ainsi se forma le zoroastrisme dans lequel *Ahoura-Mazda*, le vivant Savant, *Vohu-Mano*, le bon Cœur, *Armaiti*, le Dévouement, les *Amschaspands*, les Immortels excellents, *Asha*, la Vérité ou la pureté, *Ameretat*, l'Immortalité, sont les principaux génies dignes de l'adoration des hommes.

Les différentes manières de voir des tribus excitèrent entre elles des luttes suivies de schismes, dont le mieux connu est celui qui porte le nom de Zoroastre et qui amena, après de longues années de guerres sanglantes, la séparation définitive des Aryas en deux grandes branches, la race indienne et la race iranienne.

Cette séparation avait été précédée de plusieurs autres amenées également par des luttes entre les tribus qui différaient de degré de civilisation et de religion. Bien que l'étude de l'histoire, des littératures et des langues antiques n'ait pas encore éclairé ces grandes migrations de nos ancêtres d'une lumière suffisante, peut-être jugera-t-on que les suppositions suivantes relatives à cet objet intéressant, ne sont pas dénuées d'un certain degré de vraisemblance.

Les tribus qui se représentaient surtout Dieu comme un être intelligent (Cavi), paraissent des premières avoir émigré en Europe, où, sous le nom de Pélasges, de Celtes, etc., elles importèrent en Grèce, en Italie, en Gaule, en Bretagne, le culte des dieux *Cabires* Ce même culte paraît avoir été connu en Phénicie et en Égypte. On y retrouve l'adoration de certaines puissances naturelles, un dieu suprême d'où dérivent les dieux inférieurs par une suite d'émanations ou d'incarnations analogues à celles qui se sont développées dans le culte brahmanique ; un dieu intermédiaire entre l'homme et le ciel, divinité analogue au *Mitra-Agni* des Védas, au *Craosha* des livres perses. Le feu y est adoré comme père des Cabires, la terre y reçoit des hommages sous le nom d'*Ith*, mot qui rappelle la grande déesse Nature, l'*Aditi* des Védas.

Ajoutons que dans les religions cabiriques, comme dans celle de l'Arie, le prêtre se confond souvent avec le dieu dont il est le représentant, reçoit le même nom, les mêmes hommages et les mêmes attributs. L'usage des arts magiques qui jouaient un si grand rôle dans l'antique religion de l'Arie et contre lesquels Zoroastre s'élève avec tant de violence, formait un des caractères distinctifs des Cabires ; une Minerve cabirique était appelée en Grèce *Telchinia*, c'est-à-dire la sorcière.

Parmi les peuples voisins de la Grèce, nous retrouvons le nom d'une tribu célèbre dans les Védas, c'est celle des Bhrigous qui, sous le nom de Briges, paraissent s'être établis en Thrace. On sait que c'est surtout de la Thrace que vint aux Grecs la civilisation religieuse. Hérodote nous apprend que les Briges repassèrent ensuite en Asie, où ils prirent le nom de Phrygiens ; il nous serait facile ici de montrer par combien de rapports la religion phrygienne se rapprochait de celle de l'Arie.

Les tribus ariennes qui émigrèrent vers le nord de l'Europe paraissent avoir plus particulièrement vénéré la divinité sous le nom de *Çuddhas;* de là le *Guth* des tribus gothiques, le *Gott* allemand, le *God* anglais.

Les tribus qui se transportèrent à l'est attachèrent surtout à l'idée de Dieu la notion de prospérité, de bonheur : *Bog*, Dieu en slavon et en russe, dérive de l'indien *Baghâs*, sort, fortune, de la racine *bhaj*, répartir, distribuer.

Qui sait si des recherches ultérieures n'amèneront pas à

découvrir que le culte de *Baal* a été répandu dans le sud de l'Asie par des émigrations de tribus ariennes qui appelaient Dieu *le Vivant* (Bélus) de *bal*, vivre, prospérer? N'en serait-il pas de même pour l'*Allah* des Arabes, de *al*, occuper, remplir? *Hu*, le Puissant, le dieu des Kimris, tirait probablement son nom du sanscrit *hu*, verser, offrir (1).

Tous ces noms divers de la divinité n'étaient à l'origine que des épithètes, des énonciations d'attributs, qui, plus tard, sont devenues des noms propres. Chaque tribu, en dénommant son dieu ou ses dieux, c'est-à-dire en leur créant une personnalité distincte de celle des divinités des tribus voisines, opéra un véritable schisme et enfanta, pour ainsi dire, une religion nouvelle. En effet, désigner la divinité par un nom propre, c'est la déterminer, la limiter, la spécialiser d'une manière quelconque, et c'est, par conséquent, se trouver en désaccord avec tous ceux qui la conçoivent sous une forme plus générale, ou qui se la représentent sous des attributs différents de ceux que vous énoncez.

Les auteurs des hymnes védiques ont parfaitement conscience de ce travail qu'ils opèrent; ils comprennent qu'eux-mêmes créent et enfantent les dieux : « Les Richis, disent-ils, ces sages magiciens, prenant tour à tour chaque énergie divine, en ont fait une forme dont ils ont revêtu Indra (II, 57). » — Ailleurs le poëte s'écrie : « Je voudrais, par une brillante expression de mes pensées, ajouter quelque chose à la grandeur d'Indra, ce maître magnifique. »

Chez les antiques Pélasges, nous voyons de même le sentiment religieux, en l'absence de tout autre symbole, s'attacher à des noms, et leurs idées sur la divinité se développer et s'ordonner à mesure que les noms se multiplient dans les invocations qu'ils lui adressent (2). Au temps de Cécrops, il n'y avait que quatre divinités dans l'Attique, une pour chaque tribu; Thésée reconnut seulement neuf divinités légales; long-

---

(1) EICHOFF, *Parallèle des langues de l'Europe et de l'Inde.*
(2) GUIGNIAUT *Relig. de l'Attiq*, I, p 59

temps après, Solon n'en admit que douze. On sait combien se multiplia par la suite le nombre des dieux (1) !

Telle fut également la transformation qui s'opéra dans la religion des Aryas à l'époque où furent composées les hymnes du Rig-Véda. Les dieux, peu nombreux à l'origine, se multiplièrent à l'infini, c'est-à-dire que toutes les manifestations possibles de la force, de l'intelligence, de l'énergie divine reçurent des noms ; chaque tribu apporta son contingent de divinités à cette formation du panthéon védique.

Certaines tribus, les tribus agricoles surtout, à ce qu'il paraît, ne voulurent jamais reconnaître cette nouvelle forme religieuse qu'elles considéraient avec raison comme une idolâtrie. Nous avons vu déjà plusieurs poètes védiques déclarer dans leurs chants que les Dévas n'ont pas d'existence réelle et ne sont que des formes diverses du Dieu suprême : « L'esprit divin qui circule au ciel, disent-ils, on l'appelle Indra, Mitra, Agni, Varouna ; l'Être céleste à plus d'un nom. (I, 389). » Zoroastre et les prophètes ses prédécesseurs s'élèvent avec indignation contre les adorateurs des Dévas qui rabaissaient l'idée divine en la personnifiant dans un astre, une force, un élément ; pour eux, les prêtres de pareilles divinités sont des *imposteurs*, des *ennemis de la vérité et du bon sens*, des *artisans de mensonge*, des *magiciens de la mauvaise magie*, et leurs soi-disant dieux n'étaient que de *vaines apparences*, des *démons*, des *êtres malfaisants, incomplets, difformes* (2).

Cependant le zoroastrisme, comme le védismes, dut représenter la divinité par un nom, par un symbole ; mais, au lieu d'emprunter cette épithète, cette dénomination à la nature physique, il l'emprunta à la nature morale. Le Dieu suprême ne fut pas pour les Mazdéens le firmament (Indra) ou le feu (Agni), mais il fut un génie immatériel, le Vivant Savant (Ahoura-Mazda).

---

(1) Sainte Croix, *Myst. du paganisme*, 2ᵉ sect., art. 2.
(2) M Haug, *Die Gâthâs*, xxxii, § 3 et Commentaire.

CHAPITRE IV.

PREMIÈRE FORME DE LA RELIGION DES ARYAS.

Des dieux innommés, impersonnels, sans détermination fixe, vagues comme le sentiment religieux à son origine, telles furent les premières divinités des Aryas. Ces dieux se révélaient, se manifestaient aux hommes par le feu, dont le culte, sous ses diverses formes, devint universel parmi les tribus ariennes.

Examinons maintenant quelle forme religieuse dut naître de ces conceptions indécises qui sont à la religion positive ce que l'aube est au grand jour.

Selon Gœrres, la religion primitive fut une espèce de panthéisme naturaliste : « Toutes les voix ramenaient l'homme dans le monde des éléments. Aux portes de cet empire, au pied des montagnes, colonnes de leur péristyle, les hommes s'agenouillaient en adorant; ils interrogeaient les fleuves sortant de leur sanctuaire fermé et cherchaient à comprendre la parole du tonnerre. L'Esprit caché s'élançait hors du feu; aucun être vivant ne lui résistait... Le culte du feu est devenu l'adoration du Soleil... Le Soleil, l'armée des cieux, les éléments qui leur obéissent, telles sont les puissances immortelles, et tels sont tout à la fois les prêtres du ciel; le monde est un reflet de la divinité; il existe par lui-même, il n'est limité par rien; en ce sens la religion de cette époque est un panthéisme (1). »

Selon MM. Creuzer et Guigniault, l'antique religion des Aryas aurait été un sabéisme matérialiste et une espèce de fétichisme. « Tout semble se rapporter au culte des astres ou au sabéisme dans son sens le plus matériel... La terre aussi et ses phénomènes, ses accidents ont leur part dans les mythes religieux (2). »

M. Nève admet que ces peuples ont passé de l'adoration d'un dieu unique, d'un théisme patriarcal, à la profession du sabéisme et à l'adoration de la nature divinisée.

Enfin M. Martin Haug croit que les Ariens adoraient les Ahuras ou bons génies, à la tête desquels était placé un génie blanc ou bon génie de la vie. Des génies noirs ou esprits du mal, étaient opposés à ces divinités bienfaisantes.

Ainsi cette religion primitive dont nous recherchons les traces, et qui fut chez les peuples qui nous occupent, la première manifestation extérieure du sentiment divin, fut, selon les uns, le panthéisme, selon les autres, le monothéisme, tandis que plusieurs veulent y voir le sabéisme, le naturalisme, ou une espèce de dualisme manifesté par l'opposition de deux classe de divinités ou de génies célestes.

Dans cette religion spontanée en effet, dans ce premier élan confus et indéfini de l'âme vers l'être divin, il dut se trouver quelque chose de toutes ces formes religieuses, de toutes ces tendances, de toutes ces diverses manières d'exprimer et de comprendre la nature et les attributs de la divinité.

« Il n'y a rien dans la réflexion qui n'existe d'abord dans la spontanéité. » Cet aphorisme philosophique est particulièrement vrai en matière religieuse où la réflexion ne joue qu'un rôle secondaire. La foi spontanée renferme en elle tous

(1) GOERRES, cité par Nève Ribharas, p. 5
(2) CREUZER, t. I, p 18.

les développements ultérieurs de l'idée religieuse. La religion primitive n'est ni le panthéisme, ni le polythéisme, ni le monothéisme, ni le dualisme, mais elle est comme l'œuf embryogénique qui contient en germe tous ces systèmes et duquel ils doivent éclore un jour. Chacun de ces concepts divers de l'essence divine constitue l'un des éléments originaires et essentiels de cette religion.

L'esprit caché qui s'élance hors du feu, les bons génies de la vie, le dieu des patriarches, l'esprit divin qui circule au ciel, de même que le *Grand-Esprit* de certains peuples du nouveau monde, toutes ces dénominations diverses ne sont que l'expression d'une seule et même conception, de la conception divine elle-même sur laquelle est basée toute religion.

La philosophie s'est efforcée de chercher la nature et l'origine de cette conception, de la décomposer, de l'analyser, de l'assimiler aux notions de cause, d'infini, d'être, etc., etc. La conception divine, en effet, se rattache par des liens étroits à toutes les idées nécessaires, absolues, universelles au nombre desquelles on peut elle-même la classer, mais elle ne se confond avec aucune d'elles. C'est une notion *sui generis*. De même que l'idée absolue de *beau* est la base de l'art, l'idée de *bien*, le fondement de la morale et de la justice, ainsi de l'idée *divine* découlent toute religion, tout culte, toute adoration. Des diverses manifestations, des réalisations plus ou moins développées, mais toujours imparfaites, de cette conception, résultent les religions diverses qui ne sont que les formes variées d'une même conception toujours identique dans son essence, et absolument vraie dans sa spontanéité.

L'idée divine apparaît à l'esprit humain, dès l'origine des sociétés, avec des caractères de nécessité, d'évidence, d'universalité, qui en font une révélation véritable, un enseignement direct et immédiat de la divinité. Aussi la religion, chez tous les peuples de même que la morale, la justice, et toutes les notions primitives, est-elle considérée comme un don direct de Dieu. Rien n'est plus vrai en effet, si l'on considère la religion dans son essence, et non dans ses manifestations accessoires et variables.

Toute religion primitive dérivant directement de cette source sublime, de ce *sens divin*, comme on a appelé cette faculté (1), qui met l'homme directement en communication avec Dieu, se distingue à son origine par des caractères de généralité, d'universalité, par une forme large et compréhensive, bien différents des caractères minutieux, de la forme dogmatique étroite qu'elle contractera par la suite.

Sans poursuivre le développement de ces idées métaphysiques qui ne sont pas ici à leur place, nous ajouterons cependant que la conception divine par son amplitude indéfinie, par son identité avec la vérité absolue, doit comprendre tous les éléments divers de cette vérité, éléments souvent contradictoires, ou du moins qui semblent tels à l'insuffisance de notre réflexion. Parmi ces éléments nous mentionnerons les conceptions d'*unité* et de *diversité*, d'où dérivent pour l'esprit qui les isole au lieu de les comprendre dans leur harmonieuse synthèse, d'un côté le *déisme* absolu, de l'autre le *polythéisme* sous ses diverses formes. Rappelons également les idées d'*infini* et de *fini*, de *bien* et de *mal*, ainsi que les rapports que l'esprit conçoit nécessairement entre ces différents termes et nous y trouverons l'origine du *mysticisme*, de l'*idolâtrie*, du *dualisme* et des diverses formes des *incarnations divines*.

Si nous possédions un exposé quelconque de la religion primitive des Aryas, nous y trouverions nécessairement toutes ces diverses notions, non pas sans doute développées, mais sous une forme enveloppée, à l'état de germe, d'embryon.

A défaut de cet exposé qui nous manque, les Védas nous fournissent un monument religieux d'une antiquité assez reculée pour refléter fidèlement les traits principaux des doctrines dont les souvenirs et les traces subsistaient encore chez la

(1) L'abbé Gratry.

plupart des tribus ariennes et ne devaient s'effacer qu'incomplétement sous le culte nouveau des Dévas.

Écartons des hymnes védiques la croyance aux Dévas ainsi que certains détails relatifs à leur culte, enlevons de ces chants sacrés ce qu'ils ont de trop spécial pour ne conserver que leur caractère général, et nous retrouverons les traits généraux de cette religion ancienne, dissimulée, mais non cachée sous le voile transparent de la poésie védique.

En suivant cette méthode, demandons-nous tout d'abord quel est le caractère général de la religion professée par les Védas. Est-ce le culte d'un seul Dieu? Est-ce le panthéisme, le dualisme ou un polythéisme quelconque?

Ici apparaît dans ce livre sacré des Ariens, le caractère vague et compréhensif qu'il a emprunté à la religion antérieure : il n'est pas possible d'assigner à la religion qu'il professe une forme définie et arrêtée; tous les systèmes y existent en germe et pas un ne s'y développe, ne s'y précise suffisamment pour y dominer franchement, pour ramener à une certaine unité, factice ou non, les diverses notions contradictoires qui se heurtent à chaque page de ce recueil.

Nous avons déjà signalé fréquemment dans le cours de ce travail les notions monothéistes contenues dans les Védas : « Les sages donnent à l'*être unique* plus d'un nom, » dit le poëte (I, 389). Le Niroukta, la plus ancienne collection d'interprétations du Rig, a cru voir dans ces chants sacrés l'adoration d'un dieu suprême, auteur de tout ce qui existe et a fait dominer ce système dans tout le cours de ses explications.

D'un autre côté les nombreux systèmes panthéistiques de l'Inde ont tous pris les Védas pour base de leur doctrine. Il est évident, en effet, qu'une religion qui proclame la divinisation de la nature tout entière, a une tendance panthéistique on ne peut plus prononcée.

De la lutte entre les Dévas et les Asouras, entre Indra et Ahi, est sorti le *dualisme* qui devint dans les religions iraniennes un antagonisme moral. Cette tendance existe du reste pareillement dans les Védas, où le bien et le mal sont de même représentés comme deux rivaux toujours en lutte; Soma protége le bien et détruit le mal.

La division des divinités en trois grandes classes du ciel, de la terre et de l'air, fournit la base de la *triade* ou *trinité* védique : « Il y a trois divinités, dit l'Anoukramani, ou table générale des hymnes, en résumant les notions trinitéistes répandues dans un grand nombre d'hymnes du Rig, la terre, le ciel et l'air sont leur empire, et *Agni, Vayou* et *Sourya* leurs noms. » On sait quelle importance cette idée de trinité a pris dans la religion brahmanique.

L'idée de l'*incarnation* divine est manifeste dans le mythe d'Agni, le *messager des dieux, le médiateur entre la terre et le ciel,* le dieu *humain et sauveur, protecteur et parent des mortels.* « Agni, dit un hymne, a pris une forme humaine pour le bien de l'humanité » (I, 54). « Les immortels ont enfanté en Agni un mortel invincible, un sauveur vigoureux et redoutable » (II, 33). Mais c'est surtout dans le mythe de *Soma* qu'on voit se développer la notion de la divinité descendue sur la terre pour le salut des mortels. Soma, broyé dans le mortier sacré, c'est un dieu qui subit le martyre pour le salut des hommes, et qui renaît ensuite brillant et pur dans le foyer sacré pour se transfigurer avant de remonter au ciel (1).

Il serait également facile de signaler dans les Védas de nombreuses traces de *fétichisme*, ou adoration des objets terrestres; de *sabéisme*, ou adoration des astres, et d'un *spiritualisme* élevé dans le culte de l'Esprit-Saint, de la pensée sacrée, de l'élan religieux.

On peut donc affirmer que tous les systèmes religieux sont représentés dans les Védas, y existent en germe, et que si ces livres sont le miroir d'une religion antérieure, cette religion avait pour caractères essentiels et distinctifs, le vague, l'indéfini, l'indéterminé. L'esprit religieux dans ces époques recu-

(1) LANGLOIS, *Mémoire sur le Soma*. A MAURY *Essai sur la religion des Aryas,* 2º art.

lées flottait incertain entre tous les aspects divers que la raison ou l'imagination peuvent découvrir dans l'infinité de l'idée divine, et, sans arrêter jamais longtemps sa pensée sur aucun d'eux, il les envisageait et les exposait tour à tour, comme un artiste capricieux dont le pinceau inconstant ébauche sans les achever jamais, et sans préférence marquée les innombrables perspectives que lui découvre la nature.

Il est probable cependant que dans chaque tribu, quelqu'une de ces données religieuses était admise de préférence et que ce point de vue dominant constituait sous le rapport religieux, le caractère spécial et distinctif de la tribu. Les chasseurs étaient les plus grossiers et les plus enclins au *fétichisme*, les pasteurs inclinaient davantage vers le culte des *astres*, qui les guidaient dans leurs pérégrinations; les agriculteurs contraints de se grouper dans un seul lieu, de former de bonne heure pour résister aux attaques et pour cultiver en paix leurs champs, des confédérations, des groupes unis dans un même but et autour d'une même idée, durent pencher vers le culte d'un *Dieu unique*, ou du moins *suprême;* en même temps que leurs mœurs et leurs idées plus morales que celles de leurs voisins, leur faisaient concevoir la religion sous une forme spiritualiste et morale.

En résumé, la religion primitive des Ariens avait moins encore que celle des Védas, une forme arrêtée, précise et dogmatique. Elle consistait dans l'idée, dans le sentiment divin, dans l'adoration d'un ou de plusieurs êtres supérieurs à l'homme, veillant sur lui et présidant aux divers phénomènes de la nature. Ces élans vers l'inconnu divin se traduisaient par un culte simple et primitif, par des chants, par des prières, par l'offrande des produits des troupeaux et des fruits de la terre, devant le foyer patriarcal et sur un autel de gazon. Aucun monument pendant bien des siècles encore ne devait servir d'asile à ces naïves manifestations des besoins religieux de l'âme; l'univers était le seul temple digne de la grandeur de l'Être-Suprême, la voûte des cieux devait seule abriter les cérémonies célébrées en son honneur par le chef de famille, premier prêtre, premier chantre, premier prophète de la divinité ; c'eut été attenter à l'œuvre du créateur que d'essayer de la modifier par les combinaisons de l'art ou de l'imagination humaine, c'eût été un sacrilége que de faire une représentation matérielle quelconque des puissances divines. Le caractère général du culte dans cet âge religieux que l'on pourrait appeler à juste titre l'*Église primitive*, et dont on retrouve les traces dans la tradition de tous les peuples du globe, est l'absence de temples, d'idoles, de monuments religieux quelconque. Cet usage, cette pensée du monde patriarcal devint plus tard l'objet de prescriptions positives, et la loi religieuse des Hébreux l'énonce particulièrement en termes précis et solennels : « Tu ne te feras aucune image taillée, ni aucune ressemblance des choses qui sont en haut dans le ciel, ni ici-bas sur la terre, ni dans les eaux plus basses que la terre, tu ne te prosterneras point devant elles, et tu ne les serviras point. »

« Si tu m'élèves un autel de pierres, tu ne le feras point avec des pierres taillées ; si tu y mets le fer, il sera souillé (1). »

(1) *Exode*, ch. xx ; — *Deutéronome*, ch xxvii

CHAPITRE V.

LE DIEU SUPRÊME DES ANCIENS ARYAS.

Que la plupart des tribus ariennes aient reconnu un dieu suprême, supérieur à toutes les autres divinités, et duquel celles-ci n'étaient que des émanations ou des créations, c'est ce dont on ne saurait douter en présence des documents nombreux que fournissent les Védas à l'appui de cette opinion. Les hymnes zoroastriens sont bien plus explicites encore à cet égard, leurs auteurs en appellent sans cesse à un dieu suprême et créateur, auquel tous les génies célestes et terrestres sont soumis. Ce dieu, selon ces hymnes, est le seul vrai, le seul adorable; c'est lui qu'invoquaient de tous temps les antiques tribus de l'Arie, et les créations fantastiques du védisme, les Dévas, ne sont que des êtres vains, des apparences trompeuses créées par une pernicieuse magie.

M. Haug pense que ce culte d'un dieu suprême, sous le nom d'Ahoura ou de Mazda, avait, de toute antiquité, sa place dans la Bactriane à côté du polythéisme naturaliste, et que Zoroastre, en attribuant un nom définitif et des attributs précis à cette antique divinité, ne fit que donner une forme plus claire et plus saisissante à des éléments qui s'agitaient confusément autour de lui dans le sein de la partie agricole de la famille arienne.

Ce dieu suprême n'était pas *unique*, en ce sens que les tribus qui l'adoraient ne niaient nullement l'existence des dieux des autres tribus, seulement elles le considéraient comme plus puissant que les divinités ses rivales dont il devait triompher un jour. Rappelons-nous que, de même, le dieu d'Israël était simplement le dieu de la tribu d'Abraham ou de Jacob, l'ennemi des dieux des Égyptiens, des Philistins et des autres peuples en guerre avec le peuple élu. Nous avons parlé plusieurs fois des quatre divinités sous la protection spéciale de chacune desquelles était placée au temps de Cécrops chacune des tribus de l'Attique. De même chez les peuples du nouveau monde, le culte du dieu suprême ou *Grand-Esprit*, avant de se répandre d'une manière ou à peu près parmi les Peaux-Rouges, paraît avoir été particulier à une peuplade ou tribu, celle des Leni-Lenapes. Ces diverses formes de l'adoration d'un dieu suprême peuvent aider à comprendre dans quel sens cette expression doit être entendue lorsqu'il s'agit de ces époques reculées, où les divinités n'avaient pas le caractère général de dieux de l'humanité, notion qui n'existait pas encore, mais seulement le caractère particulier de dieux de tribu ou de peuplade.

Le nom de ce dieu parait n'avoir pas toujours été le même parmi les tribus ariennes. Ce fait est naturel ; à mesure que l'idée se modifiait, l'épithète qui y correspondait changeait aussi. Un attribut de plus ajouté au nom d'une divinité, un nom propre modifié, indiquent toute une transformation religieuse dans les époques primitives. Le grand réformateur du peuple hébreu change l'ancien nom de l'Éternel, *Elohim*, en celui de *Jehovah*. Cécrops était renommé parmi les Grecs pour avoir appelé Jupiter ὑψαλος, *le très-haut* ; chez les Ariens les tribus chasseresses paraissent avoir appelé de préférence le dieu suprême *Agni* ou *Yima* ; les tribus pastorales, *Cavi* et *Mitra*, et plus tard *Indra* ; les tribus agricoles lui donnaient l'épithète d'*Ahoura*, de *Vohu-Mano*, de *Mazda*; Zoroastre caractérisa sa réforme en le désignant d'une manière définitive par le nom d'*Ahura-Mazda*, dont les Parses ont fait *Ormuzd*.

Comme le Grand-Esprit des Américains, le dieu ou génie suprême des Ariens ne paraît pas avoir eu, avant le védisme et le zoroastrisme, un caractère et des attributs bien déterminés. Pour les tribus guerrières et chasseresses, il était un dieu cruel, guerrier et ami du carnage; chez les pasteurs, il conservait quelque chose de ce caractère belliqueux, mais il était en même temps un génie « protecteur des troupeaux, » épithète conservée à plusieurs divinités par les Védas et le Yaçna; pour les tribus agricoles, ce dieu, source de toute vie, de toute fécondité (Asoura) était l'esprit caché et divin qui préside aux travaux de l'agriculture, protége la propriété et bénit les cultivateurs.

Quant à la forme sous laquelle les Ariens se représentaient cette divinité suprême, il paraît avoir régné entre eux sous ce rapport une certaine unité; tous également voyaient dans le feu, dans la lumière une représentation ou une manifestation de la divinité. La flamme, sous toutes ses formes, soit qu'elle jaillît faible étincelle du frottement de deux morceaux de bois, soit qu'elle étincelât majestueusement dans les astres suspendus à la voûte céleste, était pour eux une image de la divinité. Cependant ici encore se manifestait la diversité de génie et d'imagination des tribus: tandis que les unes voyaient dans le feu, dans la lumière, dans le soleil la divinité elle-même, ou du moins sa représentation extérieure, qu'ils adoraient sous les noms d'Agni, de Mitra de Vivaswan; les autres, d'une intelligence plus élevée et plus spiritualistes, ne considéraient le feu que comme un moyen de manifestation, de révélation divine; c'est à ce titre surtout que les Iraniens rendaient un culte au feu; pour eux, Ahura et la vérité se révélaient par les flammes.

Les attributs du dieu suprême variaient sans doute de tribu à tribu; néanmoins les principaux furent de bonne heure reconnus par l'ensemble de la famille arienne, comme nous l'avons vu dans la comparaison du principal des dieux védiques Indra, avec le dieu suprême des Iraniens, Ahura-Mazda, l'un et l'autre sont : « lumineux, resplendissants, très-grands, très-bons, très-parfaits, très-énergiques, éminents en pureté, souverainement sages, créateurs et conservateurs du monde, les plus accomplis de tous les êtres, etc. »

Ceux de ces attributs qui désignent des qualités extérieures et matérielles, telles que l'éclat, la force, la puissance, étaient les plus généralement adoptés par les tribus nomades et guerrières. Les tribus paisibles, agricoles, durent les premières reconnaître les attributs moraux de la divinité et chercher à les faire prévaloir dans les représentations de l'idée divine, aussi est-ce parmi ces tribus que prit naissance le mazdéisme.

CHAPITRE VI.

LES DIEUX SECONDAIRES.

Nous aurions à répéter ici, sur le caractère des diverses divinités secondaires des Ariens, tout ce que nous avons dit de leur Dieu supérieur : elles furent des divinités de tribu avant d'être adorées par l'ensemble de la nation ; plusieurs d'entre elles jouèrent à une certaine époque le rôle de dieu supérieur d'une famille ou d'une tribu, et plus tard elles déchurent de ce rôle suprême, soit par le résultat d'un changement dans la manière de voir de leurs adorateurs, soit par l'abaissement, la défaite, la déchéance de la tribu placée sous leur protection.

En effet, dans l'Arie comme dans la Grèce antique, les amphictyonies, ou alliances des clans, de peuplades, durent s'opérer sous une forme théocratique, par l'alliance des dieux des diverses parties contractantes, et alors l'importance du rôle que ces dieux avaient à jouer dans l'association divine, se réglait sur le degré réciproque de puissance, de richesse, de force des tribus associées.

Lorsque les tribus, au lieu de s'entendre, de s'allier, de fusionner leurs intérêts et leurs croyances, continuaient à lutter entre elles, les dieux aussi restaient rivaux, et chacune des peuplades ennemies reléguait les génies protecteurs du camp opposé au rang des démons ou génies du mal.

Tel a été le sort de la plupart des nombreuses classes de divinités vénérées par les diverses branches de la famille arienne : les *Asouras*, ces antiques divinités, conservées par Zoroastre, sont des génies ténébreux et méchants pour un grand nombre de chantres védiques; les *Dévas*, par une juste réciprocité, sont pour les zoroastriens la personnification même du mal; les dieux *Kavas* ou *Kavis* et leurs prêtres furent également regardés comme des esprits mauvais, auteurs de toutes sortes de fourberies et de maléfices; *Indra*, sous le nom d'*Andra*, est un démon pour les Perses, qui font également de l'Adityas Aryaman le prince des ténèbres, le génie du mal incarné. Ainsi que nous l'avons remarqué déjà, le peu d'homogénéité des fragments conservés dans les Védas, le manque d'un centre dogmatique, qui relie entre eux ces chants, d'âge et de génies si divers, est suffisamment démontré par ce fait, que les noms d'un grand nombre de dieux sont pris, tantôt en bonne, tantôt en mauvaise part. S'il y a un Agni protecteur des mortels, il en existe un autre cruel, dévastateur et *mangeur de chair*; *Yama* réunit également ce double caractère; *Aryaman* est tantôt un bon, tantôt un mauvais génie; il en est de même de *Varouna*, de *Twachtri*. Ces contradictions apparentes s'expliquent d'elles-mêmes par le principe de la séparation et de l'antagonisme des tribus.

On peut s'étonner de voir Zoroastre, tout en prescrivant le culte des Dévas, admettre cependant dans son panthéon un grand nombre de ces personnifications divines, telles que : Mitra, Soma, Tistrya ou Trita, Twachtri, Taschter, etc. Les noms de ces génies ne se trouvant pas dans les Gâthâs, du moins dans les parties que nous en connaissons, on pourrait en conclure que ce n'est pas le fondateur du mazdéisme qui a compris ces divinités au nombre de celles dont il prescrivait l'adoration, mais que leur culte s'introduisit peu à peu parmi les tribus de l'Iran, et fut présenté par les prophètes, ses successeurs, comme reconnu par Zoroastre lui-même.

Les noms de ces diverses divinités, comme ceux du dieu suprême, durent varier à l'infini, selon les époques, les circonstances, les impressions des diverses tribus, mais il est probable cependant que les Védas et l'Avesta nous ont conservé la plupart des dénominations par lesquelles on les désigna successivement, et il est facile de suivre dans ces recueils de chants sacrés les transformations diverses de plusieurs de ces noms, ainsi que nous l'avons vu ailleurs.

D'après ces dénominations, nous voyons que parmi ces divinités secondaires, les unes, comme le ciel (Indra), la terre (Goschoroun), le soleil (Mitra), furent empruntées à des objets physiques, à des forces, à des éléments ; tandis que les autres comme l'immortalité (Ameretat), le dévouement (Armaiti), représentaient des phénomènes moraux.

Un autre caractère de ces divinités, caractère qui découle naturellement de la division que nous avons donnée des tribus ariennes en trois grandes classes correspondant à leurs trois principaux modes d'existence ou de société, c'est que parmi ces génies les uns étaient plus particulièrement préposés à la chasse et à la guerre, les autres au soin des troupeaux, et une troisième classe à l'agriculture.

Le nombre de ces dieux dut considérablement varier dans le cours des siècles, néanmoins on peut supposer que tous les dieux communs aux Védas et à l'Avesta, c'est-à-dire les trente-trois divinités dont il est question dans ces deux recueils, furent connus et adorés dans le culte antique des Ariens. Cette division paraît fort ancienne, le chiffre 3, deux fois répété, dont elle se compose, correspond très-bien à la fois à la trinité primitive de l'air, de la terre et du ciel, pour qu'on ne voie pas dans ce chiffre un rapport quelconque avec la conception d'un dieu triple, ou de deux divinités en rapport entre elles par une troisième, conception sur laquelle repose tout le culte antique de l'Arie.

Il n'est nullement certain que ces trente-trois divinités fussent celles même qu'énonce le Yaçna, non plus que celles auxquelles font allusion les Védas et qu'énumèrent les commentateurs en se contredisant entre eux. Le nombre seul des divinités peut être considéré comme remontant à une époque vraiment ancienne ; les dieux particuliers admis dans ce nombre varièrent selon les diverses époques.

Nous pouvons seulement affirmer que les divinités primitives appartenaient comme celles qui leur succédèrent aux trois règnes principaux de la nature : l'air, la terre et le ciel, et que leurs attributs dérivaient de l'ordre matériel ou de l'ordre spirituel. A la base de toutes les religions dérivées de l'ancien culte de l'Arie, la terre et le ciel apparaissent comme les divinités primordiales. « Il semble, dit M. Maury, que le culte de ce couple primordial, qui apparaît souvent dans le Rig-Véda, appartienne à une époque antérieure au culte d'Indra... Les anciens poëtes ont chanté et placé avant tous les autres ces nobles ancêtres qui ont les dieux pour enfants. » Comme intermédiaire entre ces deux grandes divinités, nous trouvons un autre élément, ordinairement le feu (Agni), qui complète la triade, et dont la nature est elle-même triple, car il brille dans les cieux, dans l'air et sur la terre. L'antiquité de son culte ne saurait être contestée, non plus que sa généralité. Toutes les tribus le professaient pareillement quoique sous des formes diverses, et Zoroastre, comme les prophètes, ses prédécesseurs, rappellent sans cesse les fidèles à cette antique adoration dont tendaient à les détourner les sectateurs des Dévas. Les trois premières divinités invoquées dans les chants du Yaçna sont *Ahura-Mazda* et les *Amschaspands*, c'est-à-dire les dieux célestes ; *Goschoroun* ou la terre ; le *Feu*, divinité révélatrice et intermédiaire.

Le ciel, la terre, le feu ou l'air dans lequel le feu se déploie, telles sont les trois divinités primitives du culte antique de l'Arie, mais ces éléments ne furent certainement pas à l'origine adorés dans leur ensemble, comme des forces générales, et sous la forme abstraite que nous leur donnons. Ils apparurent d'abord à l'Arien sous un aspect particulier, dans certains phénomènes qui furent les premiers objets d'adoration. Dans ce sens, ce culte antique se rapprochait du fétichisme.

Si nous nous demandons maintenant sous quel aspect l'un de ces trois éléments, le ciel, par exemple, dut d'abord réveiller dans l'esprit de l'homme l'idée divine et faire naître dans son cœur des sentiments d'adoration, il nous sera impossible de répondre à cette question dont la solution dépend de tant de circonstances complexes et variées dans lesquelles l'Arien a pu se trouver placé. Remarquons cependant que le bruit majestueux du tonnerre semble avoir inspiré à tous les peuples de vifs sentiments de crainte et de vénération envers la divinité, à tel point que certaines tribus du nouveau monde ne donnent pas à l'Être suprême d'autre nom que celui du tonnerre (1). Les diverses branches des populations indo-européennes ont de même toutes regardé la foudre comme l'arme principale du Tout-Puissant; mais si le ciel orageux leur a rappelé l'image divine, leur instinct élevé les a toujours préservés d'une confusion, d'une assimilation qui rabaisse la divinité au rang de l'une de ses manifestations. Le ciel de jour sous le nom d'Indra, le ciel de nuit sous celui de Varouna, sont cependant devenus pour une partie de ces peuples des personnifications divines, des images, des manifestations visibles de la divinité, sinon la divinité elle-même, et il est permis de croire qu'il en fut de même pour leurs ancêtres. *Ouranos* (Varouna) était pour toute la branche hellénique le plus ancien des dieux, le père de *Kronos* (le Temps), l'aïeul du dieu supérieur, de *Zeus pater*, Jupiter. Cette chronologie divine de la Grèce, cette succession de divinités représente certainement un état des religions ariennes, différent des Védas, sinon antérieur aux conceptions contenues dans ces livres.

Mais tandis que certaines tribus ariennes se livraient ainsi

---

(1) ROBERTSON, *Histoire d'Amérique*

à une espèce d'idolâtrie en identifiant la divinité avec les éléments, quelques autres, en petit nombre sans doute, ne s'écartèrent jamais entièrement de la voie spiritualiste. Le ciel ne fut pour elles que le séjour des dieux, la manifestation visible et la plus éclatante de l'immensité, de la puissance, de la beauté divines.

Les *Ahuras*, les *Mazdas*, tous les génies des tribus iraniennes restèrent des personnifications morales, sans se confondre jamais avec le ciel ou les astres. S'il faut chercher dans cette partie de la famille arienne quelques traces de naturalisme, on les trouverait plutôt dans l'adoration de la terre qui, sous le nom d'*Armaïti* ou de *Goschoroun*, devint une des principales divinités de ces tribus agricoles, tandis que les Ariens nomades et pasteurs des Védas invoquaient à peine la terre, et réservaient leurs principaux hommages pour le firmament, Indra, et pour la grande déesse nature *Aditi*, mère des royaux et puissants Adityas.

Le culte du feu paraît avoir joui d'une importance à peu près égale chez toutes les tribus ariennes, mais tandis que les ancêtres des brahmanes en faisaient un dieu sous le nom d'Agni et l'adoraient en lui-même, les ancêtres des Perses, au contraire, ne vénérèrent jamais cet élément que dans ses rapports avec la divinité, et le considérèrent toujours comme une manifestation visible d'Ahura, comme un moyen de révélation accordé aux hommes par le Dieu suprême.

CHAPITRE VII.

DE L'UNE DES FORMES LES PLUS ANCIENNES DE LA RELIGION DES ARIENS.

Dans les périodes primitives de l'humanité, l'histoire prend la forme de la mythologie, et par un phénomène opposé la mythologie est plus tard assimilée à l'histoire. C'est ainsi qu'en Grèce, le souverain des dieux, Jupiter, nous apparaît d'après une tradition comme un roi, ou une dynastie de la Crète; on montrait même dans cette île, au grand scandale des croyants, le tombeau de l'immortel. Hercule était à la fois pour les Hellènes un dieu, un héros et l'un des prêtres dactyles du mont Ida. En Italie, les antiques rois, les bienfaiteurs de la nation étaient déifiés et adorés sous le nom de Jupiter, qui, au lieu d'être un dieu unique, se trouvait ainsi personnifié dans une foule de héros. En Égypte, l'histoire des dynasties humaines et celle des dynasties divines est sans cesse confondue. Dans l'Inde, le titre de *Kavi* ou *Kava* est une qualification commune aux rois et aux dieux; enfin Djemschid, le premier roi de la dynastie ario-persane, n'est autre que le déva *Yama*, roi des Pitris et juge des morts, le *Yima* de l'Avesta, le premier des mortels auquel se soit révélé Ahura-Mazda.

En examinant cette dernière tradition et quelques autres

qui s'y rattachent, nous avons été conduit à penser qu'elles renfermaient peut-être sous leur forme, à la fois mythique et historique, l'exposition de l'une des doctrines religieuses les plus anciennes de l'Arie, ainsi qu'un certain nombre des dénominations par lesquelles furent désignées à l'origine les antiques divinités de ce berceau de notre race.

Dans l'hymne IX° du Yaçna, Zoroastre demande à Hôma, qui lui apparaît au lever de l'aurore sous une forme humaine, quels sont les mortels qui, les premiers, ont eu le privilége de le connaître et de l'honorer; Hôma répond : « Le premier » des mortels auquel je me manifestai fut *Vivanghvat*, père » de *Yima*, sous lequel fleurit l'âge fortuné qui ignora le froid » des hivers et la chaleur brûlante des étés, et la vieillesse » et la mort, et l'envie produite par les Dévas. Le second fut » *Athwya*, père de *Thraétana*, le vainqueur du dragon *Dahak*, » aux trois têtes, aux trois gueules, aux six yeux, aux mille » forces. Le troisième fut le troisième des *Çamas*, père de » deux fils *Urvâkhohchaya* et *Kereçacpa*, dont l'un religieux, » fit régner la justice, et dont l'autre terrassa le serpent » *Krouvera* qui dévorait les chevaux et les hommes. Le qua- » trième enfin fut *Pourouschaçpa*, père de Zoroastre. »

Spiegel considère ces divers personnages mythologiques comme la chaîne continue des adorateurs du vrai Dieu, comme la suite des patriarches antiques auxquels fut confiée la doctrine sacrée. M. E. Burnouf voit dans *Yima*, *Thraétana* et *Kereçaspa*, dont les prototypes se trouvent dans les *Yama*, *Trita* et *Krisasva* des Védas, les représentants de trois des générations primitives de l'humanité. M. Martin Haug leur assigne le rôle de prophètes primitifs, de représentants anciens de la doctrine révélée par Ahura-Mazda et proclamée plus tard par Zoroastre.

Peut-être est-il permis d'aller plus loin encore que les autorités que nous venons de citer, et de voir dans ces personnages traditionnels non-seulement des patriarches, des saints ou des prophètes, mais encore des divinités anciennes dont les tribus ou les chefs de tribus ont porté les noms, et qui se sont ainsi peu à peu, en tant qu'êtres divins, effacés de la mémoire des peuples, pour ne plus apparaître que sous une forme sinon purement humaine et historique, du moins intermédiaire entre le mythe et la réalité.

On ne saurait mettre en doute que le nom de *Yima* n'ait été porté par des souverains des tribus iraniennes. *Djemschid*, nom du premier souverain de la Perse, signifie le *brillant Yima* (Kchâêta-Yima). *Thraëtana* et *Kereçaspa* sous les noms de *Féridun* et de *Gurshasp*, sont des héros mentionnés dans le Shanamed. La plupart des auteurs n'hésitent pas à reconnaître dans les événements relatifs à ces personnages, un fond historique. C'est ainsi que d'après sir John Malcolm, le serpent *Dahak* ou *Zohak*, immolé par *Thraêtâna*, serait la représentation d'une invasion assyrienne, invasion qui se prolonge pendant les mille ans du règne de ce monstre, devenu une dynastie de tyrans cruels et sanguinaires. *Feridun*, d'après cette interprétation, devient le mède Arbacès, le vainqueur de Sardanapale (1). Quoi qu'il en soit du plus ou moins de fondement de ces hardies suppositions, elles n'en établissent pas moins d'une manière certaine que des personnages historiques ont porté les noms ci-dessus. Cette confusion des êtres célestes et des êtres humains commence du reste déjà dans le Rig-Véda; un grand nombre de Dévas sont à la fois des dieux, des prêtres, des saints ou richis et des prophètes; *Trita Aptya*, entre autres est présenté comme l'auteur de plusieurs des hymnes védiques.

Quant au caractère divin des personnages mentionnés dans l'hymne ix° du Yaçna, il apparaît clairement tant dans les Védas que dans les diverses parties de l'Avesta.

Vivaswan, le *Vivanghvat* perse, est, d'après le Rig, l'une des formes du soleil; on l'appelle souvent aussi du nom de *Gandharva*, génie, esprit aérien, oiseau céleste qui se con-

---

(1) BUNSEN, *Outlines of the philosophical history*

fond avec le Soleil, avec Agni et parfois avec Indra. *Vivaswan* serait donc le dieu solaire par excellence, le dieu suprême lui-même; M. Langlois le traduit par « Dieu brillant. » *Vivaswan* reçoit l'épithète de *sacrificateur*, qualification donnée aussi à Indra et à Agni considérés comme créateurs, la création étant assimilée à un sacrifice (1).

Le jour et la nuit sont ses enfants, il est le père des dieux; sa demeure, comme celle d'Indra et d'Ahoura, est située dans la région élevée d'où découlent tous les fleuves, par lesquels sont arrosées les trois régions du ciel, de l'air et de la terre (2).

Dans le mazdéisme, *Vivaswan* sous le nom de *Vivanghvat*, perd son caractère divin pour devenir le premier des mortels qui ait extrait le jus du Hôma pour le sacrifice. Dans une religion où le dieu suprême était nettement dénommé et personnifié, et où les principaux attributs divins devenaient les assesseurs du dieu suprême, les divinités anciennes devaient être nécessairement reléguées à un rang inférieur et souvent humain.

C'est ainsi que la plupart des Izeds, empruntés par Zoroastre aux Védas, ne sont plus dans la doctrine du réformateur persan, des dieux, des êtres célestes, mais plutôt *des rois puissants*, ainsi que l'a remarqué M. Langlois.

Si *Vivaswan* est, dans les Védas, la représentation du dieu céleste, *Yama* ou *Yima*, son fils, est le dieu terrestre, la personnification de la terre. Dans le célèbre dialogue entre *Yama* et sa sœur *Yami*, ces deux divinités telluriques se distinguent nettement des dieux célestes : « *Nous avons*, dit Yama, *la même
» origine que les autres dieux* (c'est-à-dire nous sommes
» comme eux créés par le Dieu suprême (*mais notre forme
» est différente* (la forme terrestre est différente de la forme
» céleste). *Les enfants du grand Asoura* (les dieux célestes),

---

(1) Rig, iv, p 471, 230.
(2) Rig-Véda, iv, 205, 265, 277 — *Id.*, 284, 160 — *Id.*, iv, 305

« *sont des héros qui soutiennent le ciel* (1) » (tandis que *Yama* soutient, protége la terre).

Le caractère terrestre de Yama est nettement marqué dans divers hymnes du Rig, et entre autres dans l'hymne adressé au nuage sous le nom de *Vena* : « Quand ceux qui te désirent, Véna, te voient voler dans le ciel sur ton aile d'or, ils reconnaissent le messager de Varouna (dieu des ondes), l'oiseau qui porte la pluie au sein de *Yama* » (la terre) (2).

Yama, comme nous l'avons vu dans la première partie de ce travail, fut dans la suite considéré plus spécialement comme la terre souterraine, la terre réceptacle des morts, et il devint à ce titre le roi et le juge des morts (3).

Un troisième caractère d'*Yama*, est celui d'ancêtre du genre humain, de premier des mortels auquel ait été révélé la loi divine. A ce titre *Yama* se confond avec *Manou* qui, lui aussi, est un fils de Vivaswan (4).

C'est surtout sous ce dernier aspect, c'est-à-dire comme ancêtre de l'humanité que Yama, sous le nom de Yima, apparait dans le mazdéisme. Les traditions d'un âge d'or se rattachent à son nom béni des peuples, parce qu'il leur rappelle une ère de prospérité et de bonheur sans mélange : « Yima, dit le
» Yaçna, est le chef des peuples, le plus resplendissant des
» hommes nés pour voir le Soleil; car il a, sous son règne, af-
» franchi de la mort les mâles des troupeaux, de la sécheresse
» les eaux et les arbres, et il a rendu inépuisables les ali-
» ments dont on se nourrit (5). »

Vivaswan et *Yama*, comme toutes les divinités des Ariens, se révèlent sous une forme lumineuse. Le principe igné, inséparable dans ces époques reculées, de toute conception divine, entre comme partie essentielle dans la formation de leur double

---

(1) RIG-VÉDA, IV, p. 144
(2) RIG-VÉDA, IV, p. 413.
(3) *Lois de Manou*.
(4) RIG., III, p. 291
(5) YAÇNA, IX. § 1.

mythe. *Vivaswan* est le feu solaire lui-même, *Yama* est une divinité *brillante, resplendissante* ; il a le premier répandu parmi les populations ariennes la lumière sacrée qu'il avait reçue d'Ahoura-Mazda (1). Les Védas représentent *Yama* comme le chef d'un royaume de bonheur et de lumière, dans lequel il réunit autour de lui les immortels, quelquefois il est assimilé à Agni, au feu lui-même, dont il ne serait qu'une forme, une déification particulière, sans doute le feu souterrain, le feu caché qui féconde et vivifie la terre.

C'est donc sous une forme lumineuse qu'apparaissent Vivaswan et Yima, ces dieux primitifs semblables sous ce rapport aux *Ahouras* et aux *Dévas* qui les remplaceront par la suite. Les Indiens comme les Perses, quelles que fussent leurs idées sur le caractère, sur l'essence même de la divinité, ont toujours conçu son image sous une forme ignée et lumineuse. Selon l'expression d'un écrivain moderne : « La révélation s'est faite » pour eux par la lumière. »

Dans cette antique doctrine, dont nous croyons avoir retrouvé la trace, le feu est personnifié dans *Athwya*, père de *Thraëtana*, identique à l'Aptya, père de Trita, des Védas. Aptya, selon M. Langlois, est l'un des noms d'Agni, l'une des personnifications de l'élément igné. M. E. Burnouf pense que ce nom vient du sanscrit *atavi* ; *ataryia* signifierait *l'homme sorti des forêts*. Le feu serait qualifié de ce nom, soit parce qu'il jaillit du sein du bois, du *bois frotté*, selon l'expression familière aux Védas et à l'Avesta ; soit parce que les forêts embrasées par le feu de la foudre, furent le premier foyer auquel les hommes allèrent se réchauffer et demander l'élément indispensable à leurs besoins journaliers.

Si nos observations sont fondées, nous retrouvons donc, dans le triple mythe de *Visvaswan*, de *Yama* et d'*Aptya*, les trois éléments essentiels, constitutifs et primitifs des religions ariennes : *le ciel, la terre, le feu*, ou en d'autres termes, la

---

(1) YAÇNA, IX § 4. — GATHAS, ch XXXII § 8.

divinité céleste, la *divinité terrestre*, le *principe intermédiaire, médiateur*. Toutes les manifestations diverses, toutes les modifications successives des doctrines et des cultes de l'Inde et de la Perse, peuvent se ramener à ces trois termes dans lesquels elles se résument, et que nous retrouvons à leur début, comme nous les retrouverons au terme extrême de leur développement, tantôt sous une forme grossière et matérielle, tantôt sous une forme élevée et spiritualiste, mais toujours identiques en eux-mêmes et faciles à reconnaître sous les ornements variés et multipliés à l'infini dont les revêt la riche imagination des sectateurs d'Indra ou d'Ahura.

Les autres saints ou héros mentionnés dans l'hymne IX° du Yaçna, représentent également des mythes généraux et qui ont été l'objet d'un riche développement mythologique dans le brahmanisme et dans le parsisme.

Thraëtano est le *Traitana* ou *Trita*, fils d'Aptya des Védas, le *Féridun* de la tradition postérieure des Perses. Le changement de *Thraëtano* en *Féridun* est expliqué par Burnouf. La forme pehlvi du mot qui sert de transition entre les deux formes extrêmes est *Phrédun*. Ce changement d'une aspirée dentale en aspirée labiale n'est pas rare, comme on le voit par les exemples de *Dhumus* et de *Fumus*.

Le *Trita* védique est le principe humide, c'est Soma ou Indou. Dans le sacrifice, le feu, Agni ou Aptya, naît d'abord ; la libation, Soma, Trita, naît ensuite ; c'est ainsi que Trita est dit fils d'Aptya. *Traitana*, l'un des noms védiques de la même divinité, se rapproche davantage que Trita du zend Thraëtano, mais ce nom n'est mentionné qu'une fois dans les Védas. Traitana ou Trita est représenté dans l'Inde comme l'une des nombreuses puissances qui régissent le firmament, qui dissipent les ténèbres et qui font pleuvoir, ou, selon le langage imagé des Védas, qui viennent au secours des vaches célestes et terrassent les démons, leurs ravisseurs. Trita prend souvent la place d'Indra dans sa lutte contre les Asouras qui arrêtent la pluie. Dans les Védas le combat a lieu entre *Thraëtana* et

Aji Dahâka, le serpent destructeur, le même que l'Ahi des Védas, personnification des nuages et du mal.

Les deux personnages énoncés ensuite dans l'hymne ix° du Yaçna, *Urvakhchaya* et *Kereçacpa* sont présentés comme fils d'un *Çamas*, c'est-à-dire d'un saint ou d'un sage. On trouve dans le Rig un ancien sage nommé *Çamyu*, dont le nom est cité deux ou trois fois et duquel on ne sait rien sinon qu'il dut sa félicité à Roudra. Un hymne védique dit que *Sraddhâ*, la sainte foi, est fille de *Çama* (1). Ces deux personnages nous apparaissent, l'un comme la représentation de la foi, de la justice, l'autre comme celle de la force mise au service du droit : « Le premier, dit le Yaçna, fut religieux et fit régner la justice, le second était haut de taille, actif et armé de la massue à tête de bœuf. »

Dans le mot *Urvakchaya* nous trouvons la racine *Urva* ou *Ourva*, qui désigne dans les Védas tantôt un Asoura, un être divin, tantôt une déesse, *Ourvasi*. *Ourvano*, dans les Gâthâs, est le nom primitif des âmes, des génies, des ferouers, en un mot du principe immatériel des êtres. *Kereçacpa*, le *Gurshasp* du Shahnameh, est, dans les Védas, *Krisasva, celui qui a des chevaux élancés*, c'est un saint célèbre dans la tradition indienne.

Le nom de *Pourouchaçpa*, père de Zoroastre, offre une analogie frappante avec le mot védique *Pouroucha*, qui désigne l'*âme du monde*, présentée souvent comme l'auteur de la création. L'être créateur aurait ainsi complété son œuvre en enfantant le grand prophète, qui, selon les expressions du Yaçna, a été « le plus vigoureux, le plus ferme, le plus actif, le plus rapide et le plus victorieux d'entre les créations de Mazda. »

Voici donc, si toutefois nos observations ont quelque portée, comment pourraient être exprimées en langage moderne les idées religieuses et cosmologiques dont le souvenir altéré par la tradition se retrouve dans cet hymne du Yaçna :

---

(1) Rig-Véda, i, 43, § 1 — *Id.* iv, p. 117

Vivaswan ou Vivanghvat, le dieu brillant par excellence, le principe de toute lumière, le Soleil, créa au commencement la terre (Yama), ensuite apparurent le feu et l'eau, le principe igné et le principe humide (Aptya-Trita).

Les sages (Çamas) répandirent plus tard sur la terre la foi, la justice, et la force appui du droit. Enfin l'Être suprême mit le comble à ses bienfaits en enfantant Zoroastre, chargé de révéler aux hommes la loi divine.

CHAPITRE VIII.

DES DIVERSES NOTIONS RELIGIEUSES SECONDAIRES PROPRES AU CULTE PRIMITIF DES ARIENS.

Le dogme principal de la religion primitive des Ariens consistait, comme nous l'avons établi, dans la croyance à des génies, ou esprits célestes manifestés aux hommes sous une forme lumineuse, et présidant aux diverses parties de la création, pour les conserver et les protéger.

Ces génies, lumineux ou *blancs*, représentaient le principe du bien, les divinités bienfaisantes, et avaient pour antagonistes des esprits noirs, des génies des ténèbres, personnification du mal, du principe mauvais.

Les génies méchants, pas plus que les bons, ne paraissent avoir eu, à l'origine, de dénomination, de personnification distincte. Plus tard ils s'incarnèrent pour les diverses tribus dans les divinités des tribus ennemies. Les pasteurs védiques personnifièrent les esprits des ténèbres dans les bons génies ou *Asouras* des tribus agricoles, et celles-ci, à leur tour, identifièrent le principe mauvais avec les *Dévas* des tribus pastorales. Antérieurement à l'emploi réciproque de ces expressions dans un sens détourné et résultant de l'antagonisme de tribus, les expressions de *Dévas* et d'*Asouras* servaient indistinctement dans le sein de la famille arienne à désigner la divinité.

Zoroastre, en créant la notion d'un dieu personnel dans son *Ahura-Mazda* ne paraît pas avoir tenté une personnification analogue pour le mal, qu'il désigne le plus souvent par des expressions abstraites, telles que : l'*esprit vain*, le *néant*, le *non-être*, le *mensonge*, etc.

La création propre au parsisme d'*Ahriman*, du prince des ténèbres, ennemi d'*Ahura* depuis l'origine des choses, est l'œuvre des successeurs, des continuateurs de Zoroastre. Le dieu du bien une fois personnifié dans un génie supérieur, la même transformation devait nécessairement s'opérer pour son antagoniste.

Le culte de chaque tribu devint, comme ses dieux, un objet de répulsion et d'horreur pour les tribus qui pratiquaient un culte différent. De là, l'origine de la *magie*, des sortiléges, noms que l'on donna à des actes, à des rites qui, agréables à la divinité selon les uns, étaient une profanation selon les autres. Les Védas s'élèvent à chaque instant contre la *pernicieuse magie* des Asouras c'est-à-dire contre le culte des tribus qui adoraient les génies *Ahuras*, ainsi que contre les actes attribués à ces divinités. De leur côté, les sectateurs d'*Ahura* reprochent à leurs adversaires les arts magiques qu'ils emploient pour corrompre les biens de la terre et la prospérité des hommes. « Que l'intelligence, que le bon sens abolissent les » arts magiques de l'antiquité, qui servent de fondement au » mensonge, » s'écrient les prophètes iraniens ; « c'est par » des paroles magiques que Grehma, le prêtre des idoles, » le roi des amis du mensonge est soutenu dans sa lutte » contre la vérité (1). »

La libation enivrante de Soma est placée par Zoroastre et par ses disciples au premier rang de ces artifices si funestes au triomphe de la vraie foi ; les autres moyens d'action de

(1) GATHAS, XXXII, § 12, 24.

cette trompeuse magie sont : « les mauvaises pensées, les
» mauvaises paroles, les mauvaises actions des Dévas et du
» mauvais génie dont la funeste influence engendre la puis-
» sance de l'homme trompeur (1). »

Pour les combattre, il faut que les hommes véridiques, que les prêtres d'Ahoura emploient les pensées, les paroles, les maximes plus efficaces de la vérité et du bon sens : « Le sage
» prononce des paroles pernicieuses pour ceux qui troublent
» l'existence terrestre par leurs discours magiques. » « Par
» mes sentences, s'écrie le prophète, je veux anéantir parmi
» vous les sacrifices et les oracles des démons (2). »

Certaines tribus, comme nous l'avons vu ailleurs, les prêtres et les dieux portaient les titres de *Kavis*, de *Kavas*; les adversaires de ce culte en considérèrent les cérémonies comme des pratiques magiques, et le mot de *Kevitao* désigna les usages ou rites magiques. On sait qu'en Grèce les prêtres et les dieux *Cabires*, descendus peut-être des Kavis, étaient considérés comme des magiciens; il en était de même des Telchines, des Corybantes, des Sintiens, autant de dénominations diverses du sacerdoce cabirique. Une Minerve adorée dans l'île de Rhodes portait le titre de *Telchinia*, c'est-à-dire la sorcière. Tous les sacerdoces antiques s'attribuaient ainsi une puissance magique, c'est-à-dire le pouvoir de contraindre les éléments et même les dieux ; ils ne refusaient pas à leurs adversaires une puissance analogue, mais avec cette distinction, que, tandis qu'ils étaient seuls possesseurs de la sainte et bonne magie, leurs ennemis n'avaient que la mauvaise magie, enfantée par l'esprit du mal.

La plupart des rites furent ainsi successivement mis au nombre des maléfices ou arts magiques ; il en est cependant qui conservèrent toujours leur caractère sacré parmi la généralité des tribus ariennes, tel fut le procédé de faire jaillir l'étincelle par le frottement de deux morceaux de bois; cette

(1) Gathas, xxxii, § 5.
(2) Gathas, xxxii, § 15, 16.

pratique est célébrée comme agréable aux dieux, tant par les hymnes des Védas que par ceux de l'Avesta.

La croyance à une vie future existait certainement dans la plus ancienne religion des Aryas, puisqu'on en trouve des traces non-seulement dans les Védas, dans les Gâthâs, mais encore dans tous les cultes répandus parmi les peuples de race indo-européenne, et particulièrement parmi les Cabires de la Grèce, de la Samothrace, de la Gaule et de l'Irlande.

Quant aux prescriptions morales les plus anciennes, elles durent se rapporter aux déréglements, aux vices, aux crimes les plus ordinaires parmi des peuples chez lesquels commencent à peine l'existence sociale et la vie policée.

Les excès de boisson ou de nourriture, la promiscuité déréglée des deux sexes, le viol, la brutalité en actions ou en paroles, tel fut, selon les commentateurs du Rig, l'objet des plus antiques défenses (1).

La *chasse* fut également prohibée, et cette interdiction importante, spéciale aux tribus pastorales et agricoles, avait pour but de faire disparaître le genre de vie le plus opposé à toute civilisation stable et normale, à toute institution morale et vraiment sociale. Les tribus pastorales, pour conserver leur mode d'existence, placèrent de même l'*agriculture* au nombre des industries prohibées, ainsi que nous l'avons constaté précédemment. Les tribus agricoles, au contraire, ennemies de la chasse et de la vie nomade du pasteur, blâment également ces deux modes d'existence et ne reconnaissent qu'à l'agriculteur le droit d'habiter un jour dans la demeure d'Ahura-Mazda. Le travail des champs, une résidence sédentaire dans les héritages divisés et attribués à leurs légitimes possesseurs par la divinité elle-même, telles sont, selon les cultivateurs iraniens, les conditions indispensables de toute bonne vie terrestre et spirituelle.

Si les tribus chasseresses de l'Arie avaient laissé des

(1) Rig-Véda, iv, p. 231.

traces de leurs coutumes traditionnelles, il est probable que nous y trouverions le mépris de la vie sédentaire, la haine du travail, et la glorification de la force, de la guerre et du pillage, traits qui leur seraient communs avec certaines peuplades de l'ancienne Germanie descendues sans doute de ces mêmes chasseurs ariens (1).

(1) Gathas, xlvii, § 2; — xlvi, § 12.

QUATRIÈME PARTIE

LOIS DU DÉVELOPPEMENT RELIGIEUX
DES DEUX FAMILLES.

CHAPITRE I.

DES FACULTÉS RELIGIEUSES DE L'HUMANITÉ.

La loi générale selon laquelle se sont développées les idées religieuses des Ariens, n'est autre que la loi même d'après laquelle l'esprit humain passe de la spontanéité à la réflexion, de la synthèse à l'analyse, du concret à l'abstrait.

Les mythes religieux, dans leurs formes générales et universelles, ne sont pas, comme on l'affirme trop souvent, et sans y avoir suffisamment réfléchi, le produit de l'imagination des peuples primitifs.

L'imagination joue sans doute un grand rôle dans le développement des fables mythologiques, c'est elle qui les anime, les colore, leur donne la vie, le mouvement, mais le travail qu'opère cette faculté n'est que secondaire. Elle n'est point créatrice, elle n'agit que sur des types déjà existants.

C'est la raison elle-même, faculté supérieure et impersonnelle, qui, sous le nom de spontanéité, enfante l'idée divine primitive, la forme religieuse typique, le moule invariable dans lequel s'épanouissent et se développent les fables mythologiques, lesquelles par suite de cette origine commune offrent partout des traits communs parfaitement reconnaissables, sous les ornements multipliés à l'infini, sous les personnifications variées dont les décore l'imagination.

C'est en ce sens, comme on l'a remarqué, que l'unité religieuse du genre humain, de même que son unité intellectuelle et morale, est une proposition sacrée et scientifiquement incontestable.

L'homme conçoit et sent partout de la même manière ; il n'y a qu'un système de langue, de littérature, de religion, puisque ce sont les mêmes facultés, les mêmes procédés qui ont présidé à la formation de toutes les langues, les mêmes sentiments qui ont partout fait vivre les littératures, les mêmes conceptions qui se sont traduites et développées dans les symboles religieux de tous les peuples.

Les facultés spontanées et impersonnelles, qui donnent naissance aux conceptions religieuses, pourraient être nommées les *Facultés divines* ou le *Sens divin*.

Cette dénomination serait aussi légitime que celle de facultés *esthétiques*, appliquée aux facultés qui nous donnent l'idée de *beau*, de facultés *morales*, à celles d'où résultent l'idée de *bien*.

L'idée divine participe, en effet, de tous les caractères des idées rationnelles parmi lesquelles il convient de la classer. Comme les idées de beau, de bien, de vrai, d'infini, d'absolu, elle est universelle, nécessaire, immuable, elle apparaît à l'homme dès l'origine des sociétés et enfante, par une force indépendante de l'homme et supérieure à lui, toute une classe de phénomènes sociaux, de croyances, de symboles, de cérémonies dont l'ensemble constitue la religion et le culte.

On a écrit l'histoire des religions, mais jamais celle des différents dogmes dans leurs rapports avec le développement naturel et nécessaire de l'esprit humain. Ce serait un beau travail, à la fois historique et philosophique, que celui qui aurait pour objet d'établir le rapport des dogmes avec les idées rationnelles, de suivre leur formation, leur développement dans le cadre des catégories de l'entendement, et d'arriver ainsi à démontrer que les croyances même les plus antipathiques à notre esprit moderne, que les religions les plus grossières, les plus absurdes même en apparence, ont eu cependant, à un moment donné, leur raison d'être tirée du fond même de la nature humaine, et se rattachent par des liens incontestables aux religions les plus pures, les plus élevées, ainsi qu'aux spéculations philosophiques les plus profondes et dont l'esprit humain se glorifie à juste titre.

Lessing, dans son petit traité de l'*Éducation du genre humain*, semble avoir conçu l'idée d'un pareil travail, dont il jette en quelques pages les premières assises : « Dieu, dit-il, » révèle immédiatement de simples vérités rationnelles, ou » permet et insinue que de simples vérités rationnelles soient » immédiatement enseignées comme vérités révélées. » Et appliquant ces données à divers dogmes religieux, le philosophe allemand tente de les expliquer au point de vue rationnel.

La notion de la Trinité par exemple, lui paraît comme une préparation nécessaire à une notion supérieure à la fois au polythéisme et au théisme pur, c'est-à-dire à la notion d'une *unité transcendentale qui n'exclut point une sorte de multiplicité*.

Les religions ariennes, les seules dont nous ayons à nous occuper ici, semblent dès leurs débuts avoir embrassé d'une vue commune, et longtemps sans préférence bien marquée, toutes les diverses catégories religieuses ou du moins les principales d'entre elles.

Nous avons déjà montré dans ce mémoire (2ᵉ part., chap. IV.) comment le monothéisme et le polythéisme, le panthéisme et le culte de dieux personnels, le naturalisme et le spiritualisme, tous ces divers systèmes religieux, qui répondent chacun à un ou plusieurs concepts rationnels, trouvaient des interprètes dans les chantres védiques.

Ce fait qui prouve, avons-nous dit, le caractère vague, indéterminé du culte primitif de nos pères, établit en même temps que les patriarches ariens avaient déjà saisi, soit par une intuition toute spontanée, soit par une réflexion précoce, les diverses faces sous lesquelles peut se présenter l'idée divine. Chaque tribu, chaque famille religieuse s'attacha de préférence à l'une de ces faces, à l'un de ces aspects, et de ces fractionnements, de ces contemplations partielles du tableau divin résultèrent les religions particulières.

Les deux principales de ces religions furent le *védisme* et le *mazdéisme;* nous avons à retracer ici les lois selon lesquelles elles se sont développées et transformées.

Dans les premières parties de ce travail, nous avons déjà comparé ces deux formes de culte, rapproché les uns des autres leurs principaux mythes, exposé le mode suivant lequel ils se sont formés, et énoncé un certain nombre de lois suivant lesquelles se sont opérées leurs transformations successives.

Nous n'avons donc ici qu'à rappeler ces lois, à résumer notre travail, et à compléter notre pensée.

CHAPITRE II.

ORIGINE DU VÉDISME ET DU MAZDÉISME, REPRÉSENTANT LE PREMIER LA TENDANCE NATURALISTE, LE SECOND LA TENDANCE SPIRITUALISTE.

La notion divine est une à l'origine, en ce sens que l'esprit humain ne saisit pas dès l'abord l'antagonisme radical qui sépare les divers aspects sous lesquels elle se montre à lui. La religion est alors une théogonie sans fin et sans bornes; Dieu n'y est pas défini, ses attributs ne sont pas déterminés. C'est l'époque dont parle Hérodote durant laquelle les dieux n'ont pas de nom et ne sont adorés que comme manifestation du principe divin qui anime toutes choses. On trouve de cette forme religieuse primitive des vestiges dans les hymnes védiques, qui tantôt représentent les dieux comme les enfants, les créations, les facultés d'un Dieu suprême indéfini, et tantôt font reproduire par chaque divinité isolée tous les traits de ce même Dieu, sans que ces deux points de vue si contradictoires semblent jamais s'exclure ou se combattre.

Cependant ce sentiment concret du divin inspire les poëtes et leur dicte leurs premiers chants. Pour exprimer leurs pensées, pour exalter le divin, ils sont obligés d'employer la parole, les formules, les symboles, et dès lors apparaissent les premières épithètes honorifiques adressées à la divinité ; épithètes qui, simples expressions d'attributs à l'origine, ne tardent pas à devenir des noms propres.

Les symboles, les images, les figures par lesquels les chantres, les prophètes inspirés célèbrent, dénomment, représentent la divinité, sont nécessairement empruntés aux seules sphères dans lesquelles s'étende le champ de l'activité, de l'imagination humaine, c'est-à-dire au monde physique, au monde spirituel, ou à l'un ou à l'autre concurremment.

De là, deux classes de personnifications divines, et par suite deux formes de religion, les religions naturalistes qui représentent la divinité sous une forme sensible, matérielle, les religions spiritualistes qui conçoivent les dieux comme des esprits, des génies immatériels.

Le *Védisme* correspond à la première de ces conceptions, le *Mazdéisme* à la deuxième.

Laquelle de ces deux ordres de notions a été la primordiale? Sous quelle image, l'image matérielle ou l'image spirituelle, l'idée divine est-elle d'abord apparue à l'esprit humain?

Nous l'avons déjà dit ailleurs, et nous n'hésitons pas à le répéter ici, malgré l'opinion contraire généralement répandue, aucune de ces deux notions n'est antérieure à l'autre. La spontanéité ne présente pas, comme les facultés réfléchies, des fragments de perceptions, des idées brisées et incomplètes, elle donne les conceptions complètes, dans leur unité souvent obscure, indéfinie, mais toujours entière. La notion spirituelle et la notion matérielle, qui apparurent plus tard comme opposées et contradictoires l'une à l'autre, étaient unes et inséparables à l'origine. L'une correspondait au symbole, l'autre à l'idée pure; elles étaient aussi indissolublement liées que la forme et la substance et ce n'est que par un travail postérieur que l'esprit humain, arrêtant sa réflexion sur les données primitivement révélées, à pu isoler ces deux parties d'un même tout et y trouver une double conception divine, deux formes diverses de religion.

Ces principes sont si vrais qu'à une époque où la scission

était depuis longtemps opérée, nous voyons les chantres védiques prodiguer les épithètes morales et les attributs purement spirituels aux objets et aux forces physiques divinisés, tandis que le Mazdéisme donne à ses divinités abstraites et spirituelles les épithètes matérielles de *brillantes*, de *fortes*, de *rapides*, de *rois*, de *guerriers aux mille oreilles, aux mille yeux, à la cuirasse étincelante*, et parfois même les confond, comme les Dévas leurs ennemis, avec les forces naturelles et les éléments.

Mais d'un autre côté, bien que les deux cultes correspondent à deux ordres de conceptions indissolublement unies à l'origine, ce n'est pas à dire que ces données primitives aient produit dès le principe des effets égaux et se soient développées avec le même degré d'énergie.

Il est probable que les premiers symboles furent empruntés à la nature physique, et que par suite le naturalisme fut de beaucoup le plus puissant pendant les premiers siècles, en vertu du penchant invincible des peuples primitifs, à rechercher comme les enfants les images sensibles, celles qui tombent sous les sens, de préférence aux idées pures.

Le spiritualisme resta longtemps à l'état d'embryon sans développements sensibles et apparents, mais il n'en existait pas moins comme force virtuelle, et il se releva à la voix de Zoroastre avec une puissance d'intelligence, de moralité, et d'activité qui le rendit capable de lutter contre ses adversaires et de les terrasser enfin complétement. Les Ariens védiques furent expulsés de leur terre natale par les Mazdéens, et contraints de se refugier sur les bords de l'Indus.

Ainsi qu'on l'a remarqué avec beaucoup de raison à propos des religions de la Grèce, le génie de l'antiquité faisait monter toutes choses des grossièretés de la matière aux raffinements du spiritualisme, imitant ainsi le procédé de la nature qui va toujours en subtilisant, qui de la racine fait s'élancer la tige verte et légère, d'où naissent les feuilles plus aériennes, couronnées elles-mêmes par la fleur brillante, au calice rempli de parfums odorants.

Ainsi en matière de symbole, il remontait de la terre, comme principe de la nature, à travers les éléments de plus en plus subtils de l'eau, de l'air, du feu, jusqu'à la conception purement spirituelle de la divinité. Ce qui venait de la terre montait ainsi jusqu'aux cieux, et la nature humaine se transformait en la nature divine.

Ce développement des idées religieuses de l'Arie offre une certaine similitude avec celui du christianisme. Le culte des objets extérieurs, le penchant idolâtrique, la vénération des images combattus à l'origine par les partisans du pur spiritualisme, finirent par triompher et dominèrent à peu près sans opposition pendant la longue période du moyen âge.

Néanmoins les idées spiritualistes ne s'éteignirent jamais, elles couvaient en silence, et elles se réveillèrent au xve siècle avec une énergie qui, après de longues luttes, arracha une notable partie de la chrétienté au culte des symboles matériels.

De même aussi que partout où la réforme n'a pas totalement triomphé, elle a eu une heureuse influence sur la religion opposée et l'a amenée à se réformer elle-même en quelques parties, ainsi il semble que dans les contrées de l'Arie où les deux cultes ont subsisté dans le voisinage l'un de l'autre, ils se sont fait mutuellement des emprunts et ont exercé chacun une influence réciproque sur leur développement ultérieur.

Une fois nettement distinguées l'une de l'autre, et constituées en antagonisme réciproque, les deux religions se sont normalement développées selon les lois propres de leur principe fondamental ; le Mazdéisme professant toujours un spiritualisme élevé, et pratiquant un culte immatériel ; le Védisme, au contraire, inclinant de plus en plus vers les personnifications matérielles de la divinité, jusqu'à ce qu'il arrive à la représenter dans des simulacres qu'il adore. Alors il devient une pure idolâtrie, avec les divinités bizarres et monstrueuses de l'Inde, avec les idoles gigantesques des Assyriens, avec les gracieuses représentations des arts perfectionnés de la Grèce, où l'homme finit par se déifier et s'adorer lui-même.

CHAPITRE III.

DÉVELOPPEMENT DANS LES DEUX CULTES, DES FORMES RELIGIEUSES NÉCESSAIRES.

Les formes essentielles ou catégories religieuses, sont les conceptions nécessaires d'après lesquelles se développe tout culte, toute religion et que l'on trouve en conséquence reproduites sous des figures, des symboles, des mythes plus ou moins variés dans l'universalité des religions répandues à une époque quelconque parmi les peuples de la terre.

Les principales de ces conceptions, dont nous ne prétendons nullement donner ici une énumération complète, sont celles de fini et d'infini, d'unité et de diversité, de bien et de mal, etc., et des rapports nécessaires entre ces différents termes.

Examinons comment se sont manifestées et développées ces diverses conceptions dans le naturalisme védique et dans le spiritualisme mazdéen.

Le symbole, avons-nous dit, apparaît en même temps que l'idée pure, comme le langage en même temps que la pensée.

Néanmoins, puisque dans une famille, une tribu, une peuplade quelconque, le symbole est proclamé, révélé d'abord par un seul homme, patriarche, prophète ou prêtre, il en résulte que la masse des croyants n'aperçoit d'abord que le symbole sans en comprendre le sens ; le prophète ou père lui-même est loin d'embrasser dès l'abord toute la portée de la pensée qu'il exprime sous une image brève et saisissante, sous une forme d'une concision majestueuse et frappante. Il faudra une longue suite de disciples et d'années pour développer les notions contenues dans cette révélation primitive pour en tirer toutes les conséquences.

Moïse jeta les bases de toute une révolution religieuse et sociale chez les Israélites, en changeant le nom de Dieu *Élohim* en celui de *Jéhovah* ou *Javeh*; la réforme de Zoroastre repose sur le titre d'*Ahura-Mazda* employé d'une manière définitive comme désignation du Dieu suprême ; Cécrops était célèbre chez les Grecs pour avoir honoré Jupiter d'une nouvelle épithète, celle du *Très-Haut* ; que l'on juge donc de l'importance du rôle du prophète, qui le premier appela les dieux du nom de *Dévas*, épithète sur laquelle repose tout le développement du védisme, des religions de l'Inde, de la Grèce, de l'Italie, et probablement aussi de l'Égypte, de la Gaule et de la Bretagne, et qui nous sert encore aujourd'hui presque sans altération à désigner l'Être suprême, lequel aux yeux de la majorité des chrétiens conserve encore une foule des caractères des Dévas.

Le symbole primitif, développé à l'infini par des générations de croyants et de penseurs, était donc un à l'origine, et dans ce sens l'on peut dire que toute religion a débuté par la croyance en un Dieu unique.

Dès que la réflexion s'applique au symbole, dès que l'esprit d'analyse s'efforce de pénétrer sa nature synthétique et ses éléments concrets, il apparaît sous sa double face : l'image et l'idée pure se distinguent, se séparent l'un de l'autre.

De là deux aspects divers, deux formes d'adoration, deux religions distinctes, selon que les croyants inclinent de préférence vers la figure ou vers l'idée quelle représente, selon qu'ils désignent la divinité par le nom correspondant à l'image, ou par celui qui sert à désigner l'idée dont cette image est comme le vêtement.

Remarquons que chacune de ces deux formes réclame à juste titre pour elle-même l'antériorité, la priorité sur la forme opposée. Les partisans du symbole prétendant avec raison que leurs ancêtres les plus reculés représentaient la divinité par ce symbole, les partisans de l'idée pure, affirmant, avec non moins de fondement, que l'idée divine est antérieure à toute image, à tout symbole verbal ou figuré.

Il ne nous est certes pas possible d'établir ici à quelle époque ni de quelle manière a pu s'opérer chez les Ariens primitifs la décomposition du symbole primitif par lequel fut représentée la notion du divin ; toutefois il nous semble que les expressions de *Déva* et d'*Asoura* si souvent opposées dans les Védas et dans les livres zends, correspondent à l'un des états primitifs de cette analyse, de cette décomposition antique.

Le titre de *Déva* employé pour désigner la divinité, est certainement l'un des plus anciens et probablement le plus ancien de tous chez les Ariens. Cette épithète est de toutes celles que nous connaissons dans les langues aryennes, celle qui représente l'image la plus sensible, la plus en rapport avec l'idée de feu, de lumière, objets universels d'adoration pour ces peuples, celle qui a été le plus universellement usitée et qui subsiste encore de nos jours dans le plus grand nombre de langues et chez le plus grand nombre de peuples de cette famille. En raisonnant *à priori*, on peut conclure que le terme primitif étant le plus concret, a dû être le plus généralement adopté, or c'est ce qui est arrivé pour le terme déva, il a dû être commun à la généralité de la famille arienne, tandis que les termes plus ou moins abstraits qui lui ont succédé, n'ont été compris et adoptés que par un nombre relativement limité de tribus et de peuplades.

Asoura ou *Ahura* est par rapport au mot *Déva* une de ces expressions abstraites qui désignent la divinité, non plus par une image, mais par celle de ses qualités internes que l'on considère comme la principale. Il y a entre ces deux termes une différence analogue à celle qui séparait chez les Hébreux *Elohim* de *Jéhovah*. *Elohim* était la personnification matérielle et extérieure de Dieu représenté comme fort, comme puissant ; *Jéhovah* correspondait à l'idée pure et abstraite de l'être qui existe par lui-même. On sait que deux cultes sortirent de ces deux modes de conception et luttèrent entre eux presque constamment, depuis le temps de Moïse jusqu'aux derniers siècles de la nation juive ; luttes tout à fait analogues à celles qui ensanglantèrent l'Arie, par suite de la division entre les *Dévistes* et les *Ahuristes*, si l'on me permet d'employer ces expressions.

L'antagonisme entre les deux modes de conceptions ne se manifeste pas dès l'origine. Moïse, pour prévenir toute division entre les tribus, déclare qu'*Elohim* et *Jéhovah* ne forment qu'un seul et même Dieu, le Dieu d'Abraham, le Dieu de Jacob, mais l'antagonisme radical entre les deux manières de voir n'en éclate pas moins même avant la mort du réformateur. De même les plus anciens chantres védiques emploient indifféremment pour désigner la divinité, les termes de Déva et ceux d'Asoura, tandis que leurs successeurs ne se servent plus du mot *Asoura* que dans une acception défavorable, pour désigner les génies du mal, établissant ainsi nettement le *dualisme* inévitable qui résultait des deux points de vue opposés.

En effet, tous ceux qui s'occupent de l'étude des religions, reconnaissent aujourd'hui qu'un nom nouveau donné à la divinité suppose toujours une conception nouvelle de la nature divine. Le mot par lequel on la désigne exprime l'idée sous laquelle on la conçoit ; d'où le principe généralement admis dans ce genre de recherches : *Numina, nomina*.

Une fois nettement prononcées et distinguées, les deux tendances religieuses suivent leur développement normal et en sens inverse l'une de l'autre. Le *Dévisme* admettant des représentations figurées de la divinité de plus en plus matérielles jusqu'à ce qu'il arrive à la personnifier dans des idoles, le *Mazdéisme* s'élevant à des conceptions de plus en plus abstraites, reculant sans cesse les limites du divin jusqu'à ce qu'il arrive à la notion du *temps sans bornes*, représentation abstraite de l'infini, de l'idéal, de l'absolu, dont on ne trouve aucune trace dans les plus anciens chants des prophètes de l'Iran.

Ce développement parallèle et continu s'accomplit pour chacun des deux cultes dans le champ des mêmes conceptions nécessaires, des mêmes catégories religieuses rationnelles, l'unité, la diversité, et ses divers aspects : le dualisme, le trinitéisme, le polithéisme, leur apparaissent successivement, ainsi que le fini, l'infini, le bien, le mal, et les rapports entre ces différents termes, d'où résulte la notion des dieux médiateurs et des incarnations divines. Nous avons suffisamment insisté dans le cours de ce travail sur les mythes qui résultent de ces points de vue divers pour qu'il nous suffise ici de rappeler brièvement les principaux.

Les *Dévistes* qui se représentaient la divinité sous des formes accessibles aux sens, durent avoir pour divinité principale et originaire, sinon dans l'ordre des temps, du moins dans l'ordre logique, la nature entière ; de là le mythe d'*Aditi*, l'une des plus anciennes et des plus importantes personnifications des Védas ; *Aditi* est la mère des dieux, l'ensemble de tous les êtres ; cette déification semble correspondre à la période religieuse où tous les dieux étaient mêlés et confondus dans un même sentiment du divin, dans une seule et même conception.

Dès que l'Arien arrête sa réflexion sur cette grande conception d'Aditi, il la décompose en deux éléments distincts, identifiés aussitôt, par suite de son instinct naturaliste, aux deux aspects principaux de la nature, la *Terre* et le *Ciel*, proclamés par tous les mythologues le père et la mère des dieux, les deux principes primordiaux mâle et femelle, dont le culte semble dans les Védas bien antérieur à celui d'Indra et de tous les autres Dévas.

Le rapport, la liaison entre ces deux grandes divinités originaires est représenté par l'air visible et lumineux, par la flamme éthérée qui de la terre s'élance vers le ciel, ou qui du ciel redescend vers la terre, et dès lors le Dieu médiateur existe, la *Triade* divine est constituée, et les chantres védiques s'écrient : « *Aditi*, c'est le *Ciel*, la *Terre* et l'*Air*, » proclamant à leur insu dans cette formule spontanée le rapport de l'infini avec le fini, de l'unité avec la diversité.

Un polythéisme indéfini, à la fois fétichiste, sabéiste, naturaliste, et qui tantôt incline vers le panthéisme, tantôt semble se résoudre dans une espèce de monothéisme ou de dualisme, succède ou plutôt se développe simultanément à ces conceptions primitives et peuple l'univers entier d'objets naturels, de phénomènes, de force, d'éléments déifiés. Les attributs, le rôle, les aspects divers, les formes infiniment variées de la nature, réunis par le syncrétisme poétique, ou séparés jusqu'à la minutie par l'esprit d'analyse qui s'éveille, forment l'objet des hymnes des Védas.

Ce culte n'aboutit pas à ces conséquences extrêmes dans l'Arie où il ne semble pas avoir existé d'images taillées, de représentations de la divinité faites de main d'homme ; mais, ainsi que l'a remarqué M. Maury, si l'anthropomorphisme n'existe pas ici sous la forme idolâtrique, il est en revanche arrivé à un grand développement dans les figures de langage, et l'art n'a qu'à naître pour qu'il passe immédiatement dans les formes. On trouve en germe dans la religion védique tout le développement idolâtrique qui constitue la physionomie essentielle des religions de l'Assyrie et de la Grèce.

Le développement du Mazdéisme ou Parsisme, forme principale du spiritualisme primitif des Ariens, est tout à fait analogue à celui du Védisme, seulement les procédés sont différents : les divinités, au lieu d'être personnifiées en des images sensibles, le sont principalement en des idées abstraites, mais les mêmes catégories nécessaires que nous avons signalées dans le naturalisme védique, se représentent ici, et forment comme le cercle inflexible dans lequel se meuvent les notions religieuses successivement développées.

Sous sa forme concrète primitive, le sentiment divin n'est pas personnifié dans un dieu où une déesse Nature, mais dans un principe immatériel, dans un dieu vivant (Ahoura) ou savant (Mazda), dans l'esprit saint (Çpento Mainyus), dans un bon génie (Vohu-Mano).

Autant la conception naturaliste, en faisant envisager tous les aspects innombrables des phénomènes naturels, entraîne inévitablement l'homme vers un polythéisme indéfini, autant la conception spiritualiste, plus élevée et plus abstraite, le conduit naturellement à l'idée, sinon de l'unité absolue, du moins d'une unité relative, d'un centre commun, autour duquel pivote ou duquel ressort tout ce qui existe ; aussi l'idée de la suprématie divine, si confuse et indéterminée dans les Védas, se manifeste-t-elle dans l'Avesta depuis le premier jusqu'au dernier chant des prophètes iraniens, en se précisant sans cesse, en acquérant dans chaque aspiration religieuse un nouveau degré de netteté et d'énergie.

Par suite de cette même élévation du sentiment spirituel et moral, la dualité divine, au lieu d'être représentée par deux éléments grossiers et matériels, se personnifie pour les Mazdéens dans l'opposition, dans l'antagonisme du Dieu suprême, du génie du bien, et de son contraire le mal, le néant, l'esprit vain et méchant. La divinité intermédiaire, le troisième terme de la triade divine est *Serosh* la parole, le Verbe incarné. Il est inutile de faire ressortir ici l'élévation, la sublimité même de ces conceptions idéales.

Les dieux secondaires sont, comme nous l'avons vu, des génies célestes, immortels et excellents, personnifications des qualités, des perfections divines, telles que l'*immortalité, la bonne pensée, la vérité*, etc.

Les déifications naturelles reléguées au troisième plan, sont pour la plupart moins des dieux véritables, que des génies terrestres dont le rôle est assez restreint, des rois puissants, des êtres dignes à un titre quelconque de la vénération des fidèles. Quelques-unes parmi les principales de ces dernières personnifications sont élevées et spiritualisées à un tel degré par le génie iranien, que leur forme originaire est presque méconnaissable. Telle est *Armaiti* la sainte terre, assimilée au dévouement, à la pitié, et élevée au rang des Amschaspands ou dieux célestes.

Toutes les formes nécessaires de la religion se trouvent donc reproduites dans les deux cultes, mais dans chacun d'eux sous une forme propre et spéciale, conforme au caractère, au génie de la branche de la famille arienne chez laquelle il se manifeste et s'épanouit.

Ces diverses formes sont loin aussi d'avoir la même importance, de jouer un rôle égal dans les deux religions : dans les Védas, le polythéisme imbu d'un vague panthéisme domine, tandis que dans l'Avesta la tendance à l'adoration d'un dieu suprême et personnel est manifeste. L'idée trinitaire apparaît fréquemment dans les hymnes védiques et dans le Brahmanisme, elle forme l'un des dogmes fondamentaux de la religion. Chez les Perses, au contraire, la triade n'est que très-accessoire et par contre le dualisme y forme la base des croyances, du culte et de la morale.

CHAPITRE IV.

LOIS QUI ONT PRÉSIDÉ DE PART ET D'AUTRE AUX TRANSFORMATIONS DES VIEILLES FABLES.

Principes généraux communs et opposition à peu près constante dans l'esprit général du développement des mythes, telle est la loi générale qui a présidé à la formation des deux cultes que l'on pourrait appeler des *frères ennemis*.

Il est facile, d'après les observations qui précèdent, de se rendre compte de la marche à peu près nécessaire que suit chaque fable en pénétrant dans l'une des deux religions, et de prévoir d'avance les transformations qu'elle doit y subir.

Dès que le chantre ou prophète védique a découvert un phénomène, une force nouvelle, il la classe d'après son instinct panthéistique au nombre des *énergies divines*.

Cette énergie personnifiée, déifiée par lui, devient un Déva, doué à ce titre de tous les attributs, de toute la puissance propres aux dieux védiques.

Le dieu suprême n'existant pas d'une manière précise et déterminée, et chaque Déva remplissant tour à tour le rôle de ce dieu, le nouveau Déva se trouve bientôt appelé au même honneur. Il est présenté comme créateur, comme maître souverain de toutes choses, et de même qu'il se trouve lui-même en tant que portion de l'énergie divine renfermé en chaque chose, ainsi comme dieu suprême toute chose se retrouve en lui.

Comme dieu suprême, il est la personnification de la lumière manifestation visible du dieu ; il lutte contre les Asouras, représentation du mal et des ténèbres ; il est l'un des termes de la *dualité divine*.

Au même titre, il est classé un jour ou l'autre parmi les membres de la triade ou trinité védique ; il est rangé parmi les dieux de l'un des trois mondes terrestres, célestes ou aériens, et certains chantres le représentent comme résumant en lui ces trois mondes et ces trois ordres de divinités, comme constituant le rapport entre l'unité et la diversité.

Enfin il est adoré comme l'ami et le sauveur des hommes, comme leur intermédiaire auprès des dieux célestes, comme venant s'asseoir au milieu d'eux à la voix du sacrificateur pour écouter leurs vœux et leurs prières. Il devient alors un dieu médiateur, un intermédiaire entre la terre et le ciel, une incarnation divine.

En un mot toute personnification divine chez les Ariens védiques révélait tour à tour tous les aspects divers de la conception divine, remplissait tous les rôles attribués aux dieux et offrait dans sa personnalité un résumé complet de la théogonie tout entière.

Dans l'Avesta le mythe revêt des apparences et subit des transformations bien différentes.

Une force, une énergie, un sentiment, une idée apparaissent-ils comme bons? Ils appartiennent à ce titre au royaume du bien et méritent d'être déifiés sous la forme d'un génie immatériel.

Ce génie ne peut se confondre avec le dieu suprême, dont le rôle et les attributs sont nettement déterminés, qui est l'auteur de toutes choses et qui domine toutes choses.

Il ne peut qu'être qu'un Ized, un génie digne de l'adoration des hommes, et sa nature même déterminera s'il doit être classé parmi les Izeds du ciel ou parmi ceux de la terre.

Il aura ainsi tout d'abord ses fonctions, ses attributs, sa personnalité nettement déterminés et ne pourra se confondre avec aucun des autres êtres divins qui peuplent le royaume d'Ahoura.

Ce génie a été créé par l'Être suprême en qui se résument toutes choses, il subsiste en Ahoura, et se confondra un jour avec lui ; mais s'il se résume en Ahoura, Ahoura ne se résume point en lui, et conserve son essence supérieure à celle de toutes les créatures célestes et terrestres.

Tels sont les principaux termes du développement des diverses personnifications mythologiques dans chacun des deux cultes. On peut les vérifier en les appliquant aux mythes du feu, du Soma, de la parole, etc. Leur exactitude, pour n'être pas mathématique, est néanmoins suffisamment rigoureuse dans une matière où l'imagination et l'imprévu jouent un si grand rôle, non pas sans doute sur le fond des choses qui est invariablement le même, mais sur les développements accessoires.

CHAPITRE V.

TENDANCE A L'ABSOLU.

Les diverses lois ou règles que nous avons énoncées dans le cours de ce travail ne sont que des manifestations diverses d'une seule et même tendance vers un but qui est comme l'étoile conductrice du sentiment religieux, ce but est l'absolu.

La notion divine à son origine n'a rien d'absolu, les dieux ont certaines qualités, certains attributs empruntés à l'humanité; ils sont grands, forts, beaux, puissants, bons, sages, mais rien de plus; ils ne représentent pas encore la suprême force, la suprême bonté, la suprême sagesse.

L'idée la plus générale dans laquelle puissent se résumer les diverses épithètes prodiguées aux divinités primitives, est celle d'une *supériorité* quelconque, physique, morale ou intellectuelle; on pourrait définir ces dieux, *les êtres supérieurs à l'homme.*

Aussi voyons-nous, dans les époques primitives, tout homme qui s'élève au-dessus de ses semblables par sa force, sa beauté, sa vertu ou sa science recevoir les épithètes de *saint*, de *divin*, de *semblable aux dieux* ou même de *Dieu*. Le culte des héros, l'apothéose naissent avec la religion par une conséquence nécessaire de la forme peu élevée sous laquelle apparait l'idée divine à l'origine.

C'est ainsi que les prêtres de l'Orient et de la Grèce se confondent à l'origine avec les dieux par leurs noms, leurs attributs, leur pouvoir, et Heeren remarque avec raison que le mot de prêtre, dans nos langues modernes, nous donne une idée trop étroite de ce qu'étaient les grandes corporations sacerdotales de l'antiquité; elles renfermaient dans leur sein la classe éclairée en tout genre. Tout homme remarquable par ses qualités naturelles ou acquises était prêtre et participait à ce titre de la nature divine telle qu'on la concevait alors.

Les Dévas védiques, dont plusieurs paraissent être des mortels déifiés, se montrent à nous avec des caractères essentiellement contingents et transitoires qui ne les élèvent pas considérablement au-dessus de l'humanité.

Leur immortalité même n'est que passagère : Indra, le dieu des dieux, qualifié si souvent d'immortel, doit périr un jour et sera remplacé par celui des Dévas ou des hommes le plus digne de cet honneur : « Plusieurs milliers d'Indras et d'autres » dieux ont disparu dans les périodes successives, vaincus par » le Temps, car le Temps est impitoyable pour détruire (1). » La même idée de la pérennité des dieux subsistait chez les Grecs et les Latins : Jupiter avait son tombeau dans l'île de Crète, Sénèque résume en ces termes les idées de l'antiquité sur cet objet. « Quiquid est quod nos vivere jussit, sic mori, eadem necessitate et Deos alligat : irrevocabilis humana pariter ac divina cursus vehit (2). »

Le spiritualisme mazdéen semble avoir conçu dès l'origine son dieu-vivant, sous une forme bien plus élevée à tous égards que les dieux védiques; toutefois la notion primitive se trouva bien vite dépassée par un nouveau développement de l'idée religieuse; Ahura-Mazda et son antagoniste Ahriman n'apparurent plus alors que comme des principes secondaires actifs

---

(1) COLEBROOKE, *Phil. des Indous*, I, p 11.
(2) *De Providentia*, v, 6.

et producteurs. Le principe premier, la notion absolue de la divinité furent personnifiés dans le *temps sans bornes*, qui existait avant toutes choses et par lequel furent enfantés la lumière première, le feu originaire, Ahura-Mazda et Ahriman, la parole enfin qui précède tous les êtres créés et par qui la production de ces êtres a été opérée.

On sait que, soit par une suite naturelle de son développement propre et interne, soit par suite des emprunts qu'il put faire au Mazdéisme, le naturalisme sur lequel reposait les religions de l'Inde, se transforma lui-même et enfanta des systèmes religieux et philosophiques d'un spiritualisme élevé et du mysticisme le plus transcendental. On trouve déjà dans les Védas les traces de ces développements ultérieurs et qui devaient nécessairement se produire, car si une première analyse du dogme primitif avait enfanté d'un côté le Védisme, de l'autre le Mazdéisme, il était naturel qu'une analyse subséquente du dogme védique ou naturaliste enfanta à son tour des systèmes spiritualistes, et une vue plus claire de l'absolu.

Le poëte védique à l'origine donne des noms à toutes les puissances naturelles : le feu est *Agni*, la lumière du soleil *Indra*, les vents sont les *Marouts*, l'aurore s'appelle *Ushas*, tous ces phénomènes lui apparaissent non-seulement comme des êtres personnels et vivants, mais encore comme supérieurs à lui. Il incarne en eux le sentiment divin, il les invoque, il les prie, il les adore.

Cependant le chantre révélateur, entouré de ces images divines, et arrêtant sans cesse sur elles ses regards, s'aperçoit bientôt qu'elles ne représentent que la partie extérieure de l'univers et de son être propre. Dans son for intérieur, au dedans de lui-même, il perçoit un pouvoir encore innommé plus près de lui que toutes les divinités naturelles, un pouvoir qui n'est jamais muet, jamais absent, qui semble en même temps inspirer ses prières et les écouter, , qui à la fois vit en lui-même, et l'environne de sa protection : « Vous connaissez celui qui » a fait toutes ces choses, s'écrie le poëte inspiré par cette

» voix de sa conscience, c'est le même qui est au dedans de
» vous (1). » Lorsqu'enfin il a conçu de cette merveilleuse énergie à la fois interne et externe, une notion suffisante pour pouvoir lui donner un nom, il s'appelle *Brahma*; car *Brahma* signifie originairement la force et la volonté, le désir et le pouvoir générateur qui a enfanté toutes choses.

Mais ce *Brahma*, impersonnel à l'origine, se personnifie en recevant un nom, il devient *Brahmanaspati*, le seigneur du pouvoir, qualification appliquée tantôt à un Déva particulier, tantôt à une foule de divinités dans leurs travaux et leurs victoires.

Brahma prend ainsi un caractère externe et se distingue de cette voix que l'Indien védique entend en lui-même. Celle-ci n'a pas encore de nom propre, elle apparaît à l'Arien comme une conception vague et encore innommée. Enfin elle reçoit le nom d'*Atma*, car *Atma* signifie l'Être qui existe par soi-même, l'Être unique, divin ou humain, créateur ou créé, personnel ou universel, mais toujours existant, par soi-même indépendant et libre. La notion représentée par le mot *Atma* correspond à celle de Jéhovah des Hébreux : « Qui a vu le
» premier né, dit le poëte, lorsque celui qui n'a pas de corps,
» créa celui qui a un corps ? Où étaient la vie, le sang, l'exis-
» tence du monde ? Qui est venu le demander à celui qui le
» sait ? » Cette idée d'un être divin et suprême une fois conçue, tout dut lui être subordonné et reconnaître sa supériorité.
« Les dieux eux-mêmes vinrent après lui à l'existence Qui
» connaît d'où dérive cette grande création ? »

La notion de l'Atma se développa dans la suite, mais elle se développa sans attributs, différant en cela de *Brahma* qui plus tard reçut les attributs divins et fut adoré avec Siva et Vichnou. L'idée d'*Atma* ou de l'Être absolu était trop abstraite, trop nue, trop dépouillée d'ornements pour la poésie, elle passa en conséquence dans la philosophie qui dans la suite l'appro-

---

(1) RIG-VEDA. IV, p. 316, 317 — BUNSEN, *Outlines of philosophical history*.

fondit, la développa et finit par considérer l'*Atma* comme le milieu à travers lequel tous les objets apparaissent et dans lequel tous sont réfléchis et connus.

Dans la religion postérieure aux Védas et présentée comme en parfaite conformité avec les doctrines de ces livres, *Brahme* ou *Paramâtmâ*, la grande âme, devient le Dieu unique, éternel, infini, principe et essence du monde.

Ce dieu suprême est appelé : « Le Seigneur existant par lui-
» même et qui n'est point à la portée des sens externes. »

« Celui que l'esprit seul peut percevoir, qui échappe aux
» organes des sens, qui est sans parties visibles, éternel, l'âme
» de tous les êtres, que nul ne peut comprendre (1). »

Parvenue à ce point, la notion indienne de l'absolu s'est élevée au niveau des croyances perses, et se rapproche au même degré que ces dernières de la doctrine monothéiste.

(1) Manou, i, 6, 7.

CHAPITRE VI.

DÉVELOPPEMENT SOCIAL PARALLÈLE AU DÉVELOPPEMENT RELIGIEUX.

Une dernière loi qu'il importe de signaler, c'est celle en vertu de laquelle le développement religieux est toujours inséparable du développement social.

Nous avons souvent signalé cette loi dans le cours de ce travail : ainsi l'établissement du Védisme parmi les tribus pastorales, nous a paru une réaction contre le culte fétichiste grossier et sanglant des chasseurs, sauvages habitants des montagnes et des forêts. Le culte védique correspondait ainsi à une révolution parmi les tribus ariennes, à l'établissement de la suprématie des pasteurs sur les chasseurs.

Une événement analogue eut sans doute lieu à une certaine époque parmi la descendance d'Abraham, et se trouve rappelé dans la tradition d'Ésaü, le chasseur, cédant au pasteur Jacob son droit d'ainesse.

Si cette première transformation des mœurs parmi les tribus antiques, ne peut être établie d'une manière certaine et ne repose que sur des anologies et des suppositions, il n'en est pas de même de la révolution à la suite de laquelle les tribus agricoles l'emportèrent sur les tribus pastorales et finirent par expulser ces dernières qui furent contraintes d'émigrer dans l'Inde.

L'établissement du culte d'Ahura-Mazda correspond aux premiers essais tentés pour opérer cette réforme. L'étude des Gâthâs ne peut laisser aucun doute à cet égard ; Ahura y est représenté comme le fondateur de l'agriculture et de la propriété, comme celui qui le premier créa les héritages et en détermina les bornes par des haies et des limites.

La bonne nouvelle n'est annoncée qu'aux seuls agriculteurs, eux seuls pourront entrer un jour dans la demeure d'Ahoura.

Les autres parties de l'Avesta ne sont pas moins remplies de prescriptions favorables à l'agriculture et ayant pour but direct ou indirect d'encourager les travaux de la terre. Tous les biens de la vie présente et de la vie future sont promis à celui qui cultive et ensemence les champs.

L'œuvre de Zoroastre fut donc sous beaucoup de rapports analogue à celle de Moïse. Le législateur iranien, comme celui des Hébreux, eut pour but, en épurant la notion divine de réformer en même temps les mœurs et la manière de vivre de ses concitoyens, de faire triompher parmi les tribus la vie sédentaire, réglée et morale de l'agriculteur sur la vie errante, désordonnée et turbulente du chasseur et du pasteur.

Chez la plupart des peuples du globe l'établissement de la religion et du sacerdoce correspond à une transformation pareille, et ce grand événement se trouve rappelé par des traditions, des mythes, des cérémonies solennelles.

C'est ainsi qu'en Egypte les prêtres divisaient eux-mêmes les champs et présidaient aux travaux agricoles. Le bœuf était adoré sous le nom d'Apis, de nombreuses fêtes rappelaient les travaux de la culture et de la moisson. En Grèce les premiers agriculteurs avaient été divinisés ; les Eumolpides, prêtres de Cérès, faisaient eux-mêmes le premier labour de l'année. En Italie les prêtres de Saturne, le dieu de l'agriculture (de sata semences) immolaient sur les terres cultivées les vagabonds et les impies, c'est-à-dire ceux qui, refusant d'embrasser la nouvelle civilisation continuaient à mener une vie errante et indisciplinée.

Ces faits, qu'il serait facile de multiplier, sont le résultat d'une loi générale en vertu de laquelle l'esprit humain et par suite les sociétés humaines, ne sauraient subir une transformation partielle, sans en éprouver le contre-coup dans toutes leurs parties.

Une révolution religieuse radicale a pour corrélatif nécessaire une révolution sociale, et réciproquement toutes les grandes transformations sociales correspondent à des changements de culte ou à des réformes religieuses. Toutes les grandes époques de l'histoire nous présentent cette double transformation des peuples : contentons-nous de rappeler ici les grandes migrations des tribus Ariennes, et celles des Abrahamides aux origines de l'histoire ; au moyen âge l'invasion des Barbares, leur établissement dans les pays conquis et leur conversion au christianisme, ainsi que les conquêtes des Arabes après Mahomet; enfin, dans l'histoire moderne, la renaissance et la Réforme, double évolution à la fois sociale et religieuse, sous l'empire de laquelle s'accomplissent tous les événements contemporains.

CONCLUSION.

Des faits que nous venons d'exposer, quelque incomplets qu'ils soient, il est cependant peut-être permis de tirer une conclusion que nous résumerons en peu de mots.

La pensée religieuse est apparue dès l'origine à l'homme sous une double forme. — Le spiritualisme et le naturalisme, comme la pensée et la parole, comme l'idée pure, et l'image qui lui correspond sont nés simultanément. — Indistincts, confondus à l'origine, ils formaient les deux termes d'une seule et même notion, de la conception religieuse primitive et spontanée. Plus tard la réflexion a séparé ces deux aspects d'une même idée, les a considérés isolément et à soulevé entre eux un antagonisme, une lutte, dont nous venons de retracer peut-être les plus anciennes phases.

Il n'est donc pas juste d'affirmer avec Creuzer, et la plupart des auteurs qui se sont occupés de nos jours de l'étude des religions de l'antiquité, que le paganisme sous toutes ses formes se résume dans le naturalisme, qu'il n'était rien autre qu'un culte de la nature matérielle, et que la déification des phénomènes physiques est la seule chose qui subsiste au fond du symbolisme des anciens.

Une opinion aussi exclusive, déjà combattue timidement par quelques auteurs, me semble désormais insoutenable en face des documents dont nous venons de présenter une analyse succincte.

Il faut reconnaître qu'un souffle spiritualiste a passé sur les croyances originaires d'une portion considérable de la famille indo-européenne, et que cette inspiration pure et vivifiante, loin de se fortifier par le développement de la réflexion, a semblé dégénérer et s'affaiblir dans les religions postérieures et dérivées : c'est ainsi que les idées formulées dans les Gâthâs sont incontestablement plus morales, plus élevées, plus pures de tout alliage matérialiste et idolâtrique que celles des religions grecques, romaines, germaines ou celtiques.

L'esprit humain, en saisissant, en déterminant successivement les différents aspects de l'idée religieuse, arrive à les présenter isolément, comme autant de conceptions propres et distinctes, et crée ainsi les religions diverses qui ne sont à proprement parler que les fragments d'un même tout, que les membres dispersés d'un corps unique.

Chacune d'elles incline plus ou moins vers l'une des deux formes nécessaires et primordiales que nous avons signalées, mais sans jamais parvenir, par une conséquence même de la double nature de l'homme, à établir d'une manière exclusive et absolue la prédominance du spiritualisme sur le naturalisme, ou celle du naturalisme sur le spiritualisme. De même, en effet, que la pensée ne peut exister sans la parole, et que celle-ci a son principe nécessaire dans la pensée, ainsi, en matière religieuse, l'idée pure est sans cesse obligée de se traduire par le symbole, et celui-ci n'a de sens, d'existence réelle que par l'idée.

Les deux éléments se retrouvent donc forcément dans tous les cultes, dont la principale différence dérive du plus ou moins d'importance que chacun d'eux accorde à l'idée ou à l'image.

Les religions spiritualistes sont celles qui s'efforcent de dégager le plus possible la pensée du symbole, l'esprit de la lettre.

Les religions matérialistes ou naturalistes sont celles qui, par une tendance opposée, tendent à présenter les idées sous une forme imagée ou symbolique, à les matérialiser en quelque sorte.

L'histoire des religions, pour rester dans le vrai, doit sans cesse tenir compte de ces deux éléments, et bien se pénétrer de l'idée que les exclure d'une manière absolue l'un ou l'autre, c'est altérer la nature des choses, c'est mutiler l'esprit humain, c'est tomber dans un matérialisme grossier ou dans un mysticisme extravagant.

FIN.

APPENDICE.

I

REMARQUES SUR LES GATHAS ET SUR ZOROASTRE.

Gâthâ, en sanscrit, signifie *stance, chant mesuré*; ce mot paraît en zend avoir le même sens, il désigne en général un chant versifié. L'*Achem vohu* et le *Fravarani* ou profession de foi des Parses sont des *Gâthás*.

Les cinq Gâthás sont cinq petits recueils, d'inégale étendue, de chants, d'hymnes en vers, de sentences rhythmées composés dans un antique dialecte différent de celui dans lequel est écrit le Zend-Avesta. L'ancienneté de ces poëmes paraît égaler celle des hymnes védiques, on y retrouve même en substance le mètre employé dans les Védas. Ce sont de beaucoup les plus anciens, les plus importants et les plus remarquables des divers morceaux dont se compose le Zend Avesta.

Selon M. Martin Haug, quelques-uns de ces chants seraient l'œuvre de Zoroastre lui-même; parmi ceux de ces fragments qui lui semblent le plus particulièrement présenter ce caractère, le savant traducteur des Gâthás cite les chapitres 30 et 32 du premier recueil; le deuxième a pour la plus grande partie Zoroastre pour auteur, le quatrième et le cinquième au contraire auraient été composés à une époque postérieure par des disciples du grand réformateur. Peut-être même peut-on aller jusqu'à affirmer que certains morceaux remontent à une époque antérieure à Zoroastre, et sont l'œuvre des antiques prophètes ou patriarches, que la tradition des Parses et celle des Hindous représente comme les premiers révélateurs de la religion chez cette famille de peuples.

Quant à la détermination approximative de l'époque de la rédaction de ces fragments et de la venue de Zoroastre, on peut constater les faits suivants :

1° L'agriculture était d'une institution toute récente encore, elle commençait à peine à naître.

2° Parallèlement à cette nouvelle institution, et au genre de vie qui en était la conséquence, était apparue une religion nouvelle, hostile aux travaux agricoles : le culte d'Indra et des Dévas. Ce culte, accompagné de la libation enivrante du Soma, avait un caractère sauvage et guerrier. Ses sectateurs s'efforçaient de reléguer à un rang inférieur le culte paisible du feu des anciens Aryas, ainsi que l'antique croyance aux bons génies de la vie.

3° Ces nouveaux éléments produisaient parmi les Aryas un violent antagonisme, manifesté dans les rapports civils entre les agriculteurs et les nomades ; dans les rapports religieux entre les partisans de l'ancienne religion et ceux de la nouvelle, les agriculteurs restant fidèles aux vieilles croyances et aux anciens rites, les nomades au contraire rendant hommage aux nouvelles divinités.

4° Les tribus nomades que l'on combattait, étaient celles des Aryas Védiques, avant leur émigration dans les contrées gangétiques. Leurs prêtres qui plus tard devaient s'appeler Brahmanes, portaient alors le titre de Kavis (1) ; ils étaient regardés par leurs adversaires comme les auteurs de toutes sortes de fourberies et de maléfices.

5° Cette lutte, cette inimitié contre Indra et les buveurs de Soma, est signalée dans les Védas ; les ennemis des Dévas y sont appelés Kavari ou Kavâsakha. Les partisans de Zoroastre prenaient en mauvaise part l'expression de Kavi qui avait été jadis un titre honorifique des familles les plus distinguées de l'Iran.

6° Le chef et le prophète des agriculteurs, le plus ardent en-

---

(1) *Karyam*, poésie, de *Kou*, louer, célébrer.

nemi des Dévas, fut Zoroastre. Sous le nom de Garadashti il est mentionné dans les Védas (1), mais sa personnalité y semble déjà à demi-oubliée et effacée.

L'époque de l'existence de Zoroastre peut être approximativement fixée à l'an 2000 avant notre ère. Son pays était la Bactriane; il appartenait à la famille des Haecat-acpas qui paraît avoir exercé les fonctions judiciaires parmi les tribus iraniennes.

Envoyé par Ahura-Mazda lui-même dont il promulguait les ordres et les révélations, Zoroastre désigne souvent le Génie ou l'esprit saint qui l'inspire par l'expression de *Craosha*, c'est-à-dire l'*Ouïe*; il entendait également la voix de l'*Esprit de la terre*, dont il interprétait les mystères et prêchait les sentences aux laboureurs.

Le but du grand prophète de l'Iran était non-seulement de rétablir dans sa pureté le culte du feu, de faire triompher l'agriculture et à sa suite les bonnes mœurs, sur la vie déréglée et turbulente des nomades, mais encore d'épurer et de spiritualiser les croyances populaires.

La croyance générale des peuples de l'Iran à de bons et bienfaisants génies, à des *Ahuras-Mazdas*, gouvernés par un *Esprit blanc* (çpento-mainjus), le conduisit à l'idée d'une sorte d'unité divine, à la notion d'un Ahura-Mazda, c'est-à-dire d'un *Génie-Vivant-Savant* supérieur à tous les autres êtres célestes.

Le principe de l'Être ne semble cependant pas avoir été, à l'origine de la religion zoroastrienne, entièrement identique avec Ahura-Mazda; parfois on lui donnait aussi le nom de *Vohu-Mano*, le bon Esprit, la bonne intelligence, devenu plus tard sous le nom de Bahman l'un des principaux esprits célestes.

Mais le dogme essentiel par lequel Zoroastre imprima à la religion iranienne un caractère tout à fait nouveau et distinctif, et grâce auquel il devint, comme Boudha, le véritable fondateur d'une religion, fut la croyance à deux forces ou puissances primitives : l'Être et le Non-Être, le Commencement et la Fin, manifestés entre autres formes sous la triple manière d'être de la pensée humaine : la Parole et l'Action, le Vrai et le Bien, le Mensonge et le Mal. De là découle la séparation absolue qu'il

(1) xiv, p 179, 180.

établit entre la vie matérielle et la vie spirituelle, entre la sagesse primitive innée, et la sagesse humaine fruit de l'expérience et de la réflexion.

Il ne semble pas à M. Martin Haug que Zoroastre, tout en établissant sur les croyances du bon Génie, ou du Génie blanc, les fondements de la notion d'un dieu personnel, d'un Ahura-Mazda supérieur et presque unique, ait opéré le même travail en ce qui concernait la croyance aux esprits mauvais et spécialement au Génie noir (agro-mainyus). Il semble autant que possible avoir cherché, en désignant le Mal, à éviter de le personnifier, et à employer dans ce but des expressions abstraites, telles que l'Esprit-vain, le Néant, le Non-Être, le Mensonge, la Calomnie, etc., etc. Ahriman, le démon incarné, le prince des ténèbres, l'adversaire d'Ahura-Mazda depuis l'origine des choses, serait par conséquent une création des successeurs de Zoroastre, et il faudrait chercher l'origine de cette personnification non dans la pensée du révélateur d'Ahura-Mazda, mais dans le développement naturel de la croyance nationale en un Esprit noir, unie peut-être aux principes de Zoroastre sur le Non-Être.

II.

FRAGMENTS DES GÂTHÂS

D'après la traduction allemande et latine qu'en a donnée M. le D' Martin Haug, professeur de langues orientales à l'Université de Bonn.

PREMIER RECUEIL.

Gâthâ ahunavaiti.

(Yaçna, chap. 28-34)

1. (28) La pensée manifestée, la parole manifestée, l'œuvre manifestée du véridique Zarathustra. Les Saints immortels ont inspiré (*ou* enseigné) (1) ces chants.
Louange à vous, chants véridiques!

2. J'élève avec recueillement mes mains (vers le ciel) et j'adore premièrement toutes les œuvres vraies de l'*Esprit sage* (2) et saint, ainsi que l'intelligence du *bon esprit* (3), pour participer à ces biens (4). C'est à ces œuvres et à l'âme de la terre que je veux offrir ma prière.

3. (Être) *Sage et Vivant!* je veux m'approcher de vous dans de pieuses dispositions et vous prier de m'accorder la vie ter-

---

(1) Littéralement ont *préludé*.
(2) Ahura-Mazda.
(3) Vohu-Manô.
(4) Aux biens de la création terrestre et de l'intelligence.

restre et la vie spirituelle. C'est par la vérité que l'on peut parvenir à ces biens que l'Être *brillant par lui-même* accorde à ceux qui les recherchent.

4. Je veux vous célébrer, toi, Vérité, et ensuite toi, Bon esprit; le Sage vivant et la Richesse que je n'ai pas encore invoqués; qu'avec eux vienne à mon appel et pour mon salut Armaiti (la Piété, la Résignation), qui protége du mal.

5. Mon esprit glorifie l'âme de la terre et le Bon esprit, et les vérités des œuvres saintes de (l'Être) savant et sage, du Vivant. Aussi longtemps que mes forces me permettront de vous adorer, je poursuivrai la recherche de la vérité.

6. Esprit de vérité! comment puis-je te contempler toi, et le Bon esprit, et Çraosha, qui fraie la route au Sage vivant et tout fort. Puisse ce chant, prononcé par notre bouche, chasser les esprits (ou êtres) malfaisants!

7. Viens avec le Bon esprit; par tes paroles puissantes (Être) sage, accorde les dons durables de la vérité! Accorde ton puissant secours à Zarathustra, ainsi qu'à nous, afin que nous triomphions des attaques de l'ennemi.

8. Esprit de vérité! accorde cette vérité, *richesse* (1) du bon esprit. Et toi, Armaiti! accorde la richesse à Viçtâçpa (2), ainsi qu'à moi. Toi, Sage! toi, Roi! donne-nous d'écouter vos chants salutaires (efficaces!).

9. C'est toi (Être), tout bon, uni à la Vérité toute bonne, toi, le Vivant, que je veux honorer; j'implore ton assistance pour Frashaostra et pour moi, ainsi que pour ceux à qui tu veux accorder à toujours la force du Bon esprit.

10. Pour obtenir ces trésors, nous vous poursuivons de nos prières, le Sage vivant et l'Esprit vrai et tout bon, ainsi que quiconque appartient à votre empire, dans quelque classe de chanteurs célestes qu'il se trouve. C'est vous qui accordez à nos prières, les biens, la nourriture et la possession de la fortune.

---

11. Sage vivant! tu connais les lois déjà existantes de la vérité

(1) *Littér.* gain, profit

(2) Viçtâçpa, Frashaostra, étaient des compagnons ou des disciples de Zoroastre. L'auteur du chant est peut-être Gamaçpa, autre ami du réformateur

et du bon esprit ; je veux satisfaire mon désir de les posséder ; mais je ne connais pas encore une seule de vos sentences qui puisse me procurer la nourriture et la fortune.

12. O toi, qui par ces lois protéges éternellement la vérité et le bon esprit, toi, Sage vivant ! enseigne-moi donc par ton esprit à annoncer par la bouche de qui, (*par qui*) s'est manifestée la vie première.

2, (29)

1. L'âme de la terre vous a crié : Pour qui m'avez-vous créée ? Qui m'a formée ? Je suis en butte aux coups de la violence et de la force, toutes deux hardies et puissantes. Personne que vous ne pourrait repousser de moi leurs attaques, personne autre ne saurait indiquer les biens utiles au laboureur.

2. Alors le Créateur de la terre interrogea la vérité : « Quelle loi as-tu donnée à la terre, lorsque vous la créâtes, vous esprits dominateurs, afin qu'elle pût toujours nourrir les bestiaux par ses pâturages ? Quelle aide, Vivant, avez-vous créée, qui pût repousser les attaques tentées par les menteurs ? »

3. Asha qui n'abandonne jamais la vérité, qui ne nourrit aucun sentiment de haine, répondit à l'âme de la terre : « J'ignore toutes ces choses qui appartiennent au maître du feu sublime ; de tous ceux qui existent, celui-là est le plus fort et je veux une fois m'approcher de lui avec adoration. »

4. Le Sage est celui qui parle (1) ; il sait le mieux annoncer ce qu'il a décidé envers celui qui a agi contre les Daevas et les hommes méchants et envers celui qui agira. Lui, le Vivant, possède le discernement. Qu'il agisse donc envers nous, comme il lui plaira.

5. Les mains levées (vers le ciel), mon âme et l'âme indestructible de la terre demandent à cause de vos deux vies (2), que ceux qui soutiennent le sage (Mazda) dans la réalisation des deux vies, ainsi que ceux qui aiment la justice, soient affranchis de vivre désormais parmi les menteurs.

---

(1) *Littér.* le parleur
(2) La vie terrestre et la vie spirituelle

6. Alors le Sage vivant, qui connaît la loi et la poésie, parla ainsi : « Il n'existait même pas un homme digne de posséder une seule des deux vies, non plus que la vérité; c'est pourquoi le créateur t'a formée (Asha, la Vérité) pour le riche et pour le laboureur. »

7. Tel est le chant d'invocation que le Sage vivant uni à la Vérité (Asha) a composé pour (répondre à) la terre; il est digne d'être célébré comme saint dans les six contrées de la terre. Quel est le bon esprit qui le communiquera aux hommes?

8. « Je n'ai qu'un seul (*bon esprit*) qui ait entendu nos paroles, savoir le très-saint Zarathustra; c'est lui qui veut faire connaître nos pensées et (les œuvres) que doit accomplir la Vérité. C'est pourquoi je lui accorderai les grâces de l'éloquence. »

---

9. Alors l'âme de la terre (s'écria) en pleurant : « Je n'ai pas exaucé la prière de l'homme faible qui me demandait la richesse; je lui souhaite maintenant la possession de biens. Quand paraîtra celui qui lui apportera un secours efficace? »

---

10. Donne-lui, avec le bon sens, la richesse qui procure le bien-être et le plaisir. Donne-lui une habitation, ô Vivant! et toi vrai! Je veux, ô Sage! l'honorer respectueusement comme premier possesseur de ces biens.

11. Où dois-je maintenant exalter la vérité, le bon esprit et la possession? Vous, Sage! Vivant! vous nous avez promis votre aide généreuse pour arriver à la connaissance du vrai bien (1).

(1) Voici, d'après M. Martin Haug, le sens de ce chapitre II, qui est certainement des plus obscurs : L'âme de la terre (Goschoroun) se plaint aux esprits célestes des actes de violence et de brutalité accomplis sur elle sans doute par les adversaires des Mazdéens, par les hordes nomades des adorateurs des Daêvas, qui ravageaient les champs cultivés et incendiaient les habitations des agriculteurs. Le seul secours dans lequel puisse espérer la terre est celui des génies ou esprits célestes, mais puisque ces génies eux-mêmes semblent l'abandonner, elle se demande avec anxiété par qui elle a été créée et quel est le but de sa création, § 1? — L'esprit de la terre, appelé ici *geus tasha*, *Créateur de la terre*, interroge ensuite la Vérité (Asha) et lui demande quelles lois ont été imposées à la

3, (30).

1. Je veux maintenant, ô vous qui vous approchez de nous, vous annoncer les sages paroles du Tout-Sage, les louanges du Vivant et les adorations du Bon esprit; les bienheureuses vérités qui apparaissent à la lueur des flammes (*du sacrifice*).

2. Écoutez donc l'âme de la terre, contemplez dans un pieux recueillement les flammes (du foyer sacré). Chacun, tant homme que femme, doit être distingué d'après ses croyances. Vous, hommes riches, soyez attentifs et joignez-vous à nous!

3. Dès le principe, il y a un couple de jumeaux, deux génies, chacun (doué) d'une activité propre; ce sont le Bien et le Mal en pensée, en paroles et en action. Choisissez entre les deux, soyez bons et non méchants!

4. Et ces deux génies se rencontrent et créent le monde terrestre, le monde matériel, l'être et le non-être, et le monde spirituel. Pour les menteurs est la pire existence, mais l'homme véridique a la meilleure.

5. De ces deux génies choisissez l'un, ou bien le menteur, celui qui accomplit les pires choses, ou bien le génie vrai et saint. Celui qui choisit le premier, choisit le sort le plus dur, celui (qui choisit) le second, honore Ahura-Mazda avec foi et en vérité par ses actions.

6. Vous ne pouvez les servir tous deux. Quelque mauvais dé-

---

terre, et quel haut génie, quel *vivant* est appelé à la défendre de l'attaque du menteur, c'est-à-dire de l'incrédulité de l'idolâtrie qui méprisent le labourage, § 2. — La Vérité (Asha) ne peut répondre à cette question de l'âme de la terre, et déclare que le dieu suprême, Ahura-Mazda, seul est en état de la résoudre, § 3. — Ahura-Mazda seul connaît les paroles efficaces contre les mauvais esprits, seul il connaît la loi et le but de toutes choses; il faut donc avec confiance s'en rapporter à sa sagesse et à son discernement, § 4. — Le § 5 est une prière d'Asha à Ahura-Mazda, afin que les hommes pieux et riches, c'est-à-dire les cultivateurs qui seuls avaient des possessions, puissent être affranchis de l'obligation de vivre parmi les menteurs, c'est-à-dire les nomades infidèles à la foi en Ahura-Mazda. Ahura-Mazda répond alors qu'il a envoyé la Vérité (Asha) au secours de l'homme de bien, du laboureur; la mission divine de Zoroastre est ensuite annoncée, § 6 et 7. — Les versets suivants, tout en se rapportant aux plaintes de la terre, ne semblent pas à leur place et ont sans doute été transposés *mon* (1), de ceux que nous voulons anéantir, surprend l'homme qui hésite et dit : « Choisissez le pire esprit. » Alors ces démons se liguent pour attaquer les deux vies que les prophètes ont hautement annoncées.

7. Et Armaïti vint au secours de cette vie terrestre avec la possession terrestre (2), la vérité et le bon esprit; elle, l'Éternelle, créa le monde corporel (3); mais l'esprit réside en toi, ô Sage! dans le temps, la première de tes créations.

8. Lorsque l'esprit (du croyant) éprouve quelque malheur, alors, ô Sage! il obtient de toi la possession terrestre avec le bon esprit; mais tu châties ceux dont les promesses sont mensonges, et non vérité.

9. Continuons donc à travailler au maintien de cette vie, dont les sages vivants eux-mêmes sont les vrais et les plus zélés propagateurs (*ou* promoteurs). Il n'y a d'homme sensé que celui chez lequel habite l'intelligence (*ou* la prudence).

10. C'est elle qui est le (véritable) secours contre le mensonge, elle est la ruine de l'exterminateur (*ou* destructeur). La perfection n'habite que la belle demeure du Bon esprit, du Sage et du Vrai, qui jouissent d'une bonne renommée.

11. Mettez en pratique les leçons sorties de la propre bouche de Mazda; il les a données aux hommes (pour être) la perte et la destruction des menteurs et le salut de l'homme véridique. C'est d'elles que dépend le bonheur.

4, (31).

1. En proclamant ces maximes (qui sont) les vôtres, (ô Esprits célestes), nous prononçons des paroles inintelligibles pour les partisans de ceux dont les paroles mensongères corrompent les biens purs que donne la terre aux amis de la vérité.

2. Si ces leçons ne suffisent pas à celui qui annonce les deux

---

(1) Daïva.
(2) C'est-à-dire la *propriété*, l'une des bonnes créations d'Ahura-Mazda.
(3) *En latin* le corps.

voies (du bien et du mal), j'irai vers vous tous (pour m'instruire), parce que le Sage vivant connait bien la loi et la durée des deux portions de notre être (1).

---

3. A qui as-tu accordé le privilége d'obtenir un feu perpétuel au moyen de morceaux de bois frottés l'un contre l'autre, ô génie Mazda? Quelle est la parole que possèdent ceux qui connaissent la révélation divine? apprends-le-nous, ô Sage, de ta propre bouche avec laquelle tu protéges tous les vivants.

---

4. Lorsqu'il faut invoquer la vérité et les Sages vivants, accorde-moi, Armaiti, avec un bon esprit une possession puissante, à l'aide de laquelle nous puissions détruire le mensonge.

---

5. Dis-le-moi, afin que je le sache, quel grand bien je possède dans les vérités qui m'ont été révélées par le Bon-Esprit, pour me rappeler ce qui est juste, ainsi que toutes les choses, ô Sage, qui ne le furent, ni ne le seront jamais.

6. Celui-là avait le plus beau (privilége), qui connaissait et m'enseigna le chant véridique de la prospérité, de la vérité et de l'immortalité. Le sage possède la faculté de pouvoir l'annoncer par son bon esprit.

7. Celui qui, par sa propre lumière (2), a produit, à l'origine, la multitude des feux célestes, celui-là crée par son intelligence la vérité qui constitue le bon esprit. Tu fais prospérer ces œuvres, ô Sage esprit, qui restes le même en tout temps.

8. C'est toi, ô Sage, que je me représentais comme (l'être) primitif, comme (le plus) élevé dans la nature et dans l'esprit, comme le père du bon esprit, lorsque je te contemplais de mes yeux comme l'essence de la vérité, comme le créateur de la vie, comme le vivant dans tes œuvres.

9. En toi reposait la terre sainte, en toi le créateur intelligent

---

(1) La loi du corps et celle de l'esprit.
(2) Ahura-Mazda, la lumière éternelle et incréée.

du monde terrestre, Esprit vivant, Mazda! Suivant la voie tracée par toi, elle passe de mains en mains parmi les agriculteurs et évite celui qui ne la cultive pas.

10. Elle se choisit un laboureur riche, vivant, véridique, possédant les richesses du bon esprit; ô Sage! qu'aucun de ceux qui ne cultivent pas la terre, quelques dieux qu'il adore, ne participe à la bonne nouvelle!

11. O Sage! tu créas d'abord nos patrimoines et tu découvris par ton esprit les préceptes et les connaissances; c'est par là que tu créas le monde existant, c'est par là que (tu créas) les saintes cérémonies et les chants sacrés

12. Là où l'homme libre est appelé à faire librement son choix, le menteur et l'ami de la vérité, le savant et l'ignorant élèvent la voix selon leur cœur et leur esprit. Armaiti (la Piété) demande tour à tour aux deux esprits, quelle est leur patrie (1).

---

13. Quelles choses seront encore manifestées, celles que révélera la sagesse, ou si quelqu'un se procurera par un faible dommage la plus grande jouissance, tu aperçois tout cela de tes yeux brillants, ô gardien (2)!

14. Je veux te demander, ô vivant! pour le présent et pour l'avenir, comment ont été composées les prières qui sont données par les créateurs (les prophètes) véridiques et celles (qui viennent) des menteurs.

15. Je veux te demander quelle est la pensée de celui (du chef, du Seigneur) qui accorde la possession au menteur, à celui qui fait le mal, ô vivant! et quelle est la pensée de celui qui, en épargnant les troupeaux et les hommes, ne porte aucune atteinte à la vie du laboureur ennemi du mensonge.

16. Je veux demander comment, comblé de biens précieux, le maître de la maison, du district ou de la province s'efforça de propager la vérité, lorsqu'il t'était dévoué, ô Sage vivant! et ce qu'il fit dans ce but?

(1) Afin de savoir d'où ils viennent, de reconnaître et de combattre le mal.
(2) Ahura-Mazda, le *gardien* des mortels, voit de ses yeux de flamme, toute vérité, toute sagesse, et tout ce qui par un petit dommage procure un grand bien.

17. Lequel, du véridique ou du menteur, enseigne (les choses) les plus relevées ? Que le savant le dise à l'ignorant ; que l'ignorant ne le cache pas ; ô Sage vivant ! fortifie en nous le bon esprit !

18. Qu'aucun de vous ne prête l'oreille aux chants et aux préceptes du menteur, parce qu'il apporterait le malheur et la ruine dans sa maison ou son village, dans son district ou sa province. C'est pourquoi faites-les (les menteurs) périr par le glaive !

19. Mais que l'homme instruit qui ne pense qu'à la vérité et aux deux vies, ô vivant ! que sa langue soit libre, qu'on écoute ses paroles véridiques promulguées par ton feu brillant et bienfaisant, produit par le frottement des deux morceaux de bois.

20. Celui qui d'un véridique fait un menteur, tombera pour longtemps sous une domination étrangère, et on prononcera contre lui cette parole fatale : « dans les ténèbres ! » La foi doit extirper ceux qui par leurs actions détruisent votre vie !

---

21. Le sage vivant, le gardien de la propriété accorde, avec l'abondance des biens, la prospérité et l'immortalité à foison et à perpétuité, et le privilége du bon esprit à celui qui, par ses pensées et par ses actes, s'est montré son ami.

22. Ces choses sont connues de celui qui fait le bien, ainsi que de celui qui est animé du bon esprit. C'est lui, ô Roi ! qui adore la vérité en paroles et en actions, c'est lui, ô Sage vivant ! qui propagera le mieux (ta doctrine).

5, (32)

1. Le Seigneur, son parent, son client, son esclave, ont déserté votre culte, ô Dévas, pour adorer le Sage vivant manifesté par la flamme. Nous voulons être tes envoyés, ô Mazda ! saisis ceux qui vous haïssent.

2. Le Sage Vivant, qui protége par le bon esprit, répondit (à cette invocation). « Pour défendre la propriété, nous choisissons la Vérité (Asha) ainsi que votre belle et brillante campagne,

votre bonne et sainte Piété (Armaiti) qu'elles soient à nous. »

3. Vous tous, Daêvas, vous n'êtes que des variétés du mauvais génie, ainsi que le Grand (le Seigneur) qui regarde comme sacrée la boisson enivrante (1) qui enfante vos mensonges et vos tromperies, ainsi que les impostures qui vous ont rendus fameux dans les sept régions de la terre.

4. C'est par là que vous avez inventé tout ce que les hommes disent et font de mal (toutes choses) agréables aux Daêvas, mais étrangères au bon esprit, c'est pourquoi vous périrez par l'intelligence du sage vivant et par la vérité.

5. C'est ainsi que vous privez l'homme de son heureuse existence et de son immortalité par votre perversité, soit celle des Daêvas, soit celle du mauvais génie; par de mauvaises actions et de mauvaises paroles au moyen desquelles le menteur parvient d'ordinaire à établir son pouvoir et son influence.

---

6. Vous avez cherché à répandre bien des maux! Si quelqu'un veut les écarter par des prières, qu'elles (soient conçues) ainsi : « Je dirai, ô vivant, les paroles véridiques que tu sais avec le bon esprit; c'est à toi, ô Sage, à ton royaume et à ta vérité que j'offre mes louanges.

7. Dans le combat des deux armées, le croyant (littér. le sachant, c'est-à-dire Zoroastre) ne peut contre aucun de ces maux promettre ton secours, puisqu'il ne l'a éprouvé lui-même que d'une manière individuelle. Toi, ô Sage vivant! tu connais le mieux le moyen de les écarter (2).

8. On rapporte que Yima, fils de Vivangvhat, n'a pas été épargné par ces maux, lui qui a comblé les hommes de ses dons et a rempli de sa lumière les parties de la terre que nous habitons. Moi aussi, j'y suis livré (littér. je suis en eux) par ton arrêt, ô Sage !

9. Celui qui prononce de mauvaises paroles, jette le trouble

---

(1) La liqueur Soma.
(2) Lorsque l'armée du prophète a combattu les idolâtres, elle a été battue; comment Zoroastre peut-il donc désormais promettre aux croyants le secours d'Ahura?

dans les discours, en insultant (littér. en médisant) à la sagesse de l'existence. Qu'ils ne nous enlèvent pas le bonheur élevé et réel du bon esprit! Ces paroles de mon propre esprit, je vous les crie à vous, le sage et le vrai (1).

10. Qu'il ne jette pas le trouble dans nos discours celui qui a prononcé les paroles les plus hideuses, qui a souillé la terre et le soleil de ses infamies, qui a donné des lois menteuses, qui a ravagé les champs et qui a fait tort à l'homme véridique.

11. Il enlève la possession du trésor des deux vies et du vivant. Mais qu'ils ne troublent pas l'existence ceux qui apparaissent parmi les Grands du menteur et qui cherchent, ô Sage, à nuire à l'esprit bon et véridique (2).

---

12. Telles sont les leçons que nous ont données les prophètes en vue de la meilleure action. Mais le sage a maudit ceux qui troublent l'existence de la terre par leurs formules, dont Grehma, le prêtre des démons, s'est entouré dans son combat contre le vrai, ainsi que le roi des amis du mensonge (3).

13. Grehma a transmis ces possessions à la demeure du pire esprit, du meurtrier de cette vie; il outrage à l'envi la mission de ton prophète, qui veut défendre la vérité contre leurs attaques.

14. Puisse Grehma tomber dans ses liens! Tous les prophètes des démons doivent être expulsés! L'intelligence abolit tous les arts magiques qui ont été transmis par les anciens âges et qui viennent à l'appui du menteur. Aussi la terre a-t-elle été appelée

---

(1) Le prophète s'adresse à Ahura avec les paroles de *son propre esprit* et non avec des paroles inspirées, pour attester que malgré les défaites, les insultes et les outrages, il est décidé à poursuivre son œuvre.

(2) Les sortilèges et les maléfices, en accomplissant les choses les plus horribles, ne sauraient effrayer le prophète, § 10. Le mauvais esprit outrage en vain la vie spirituelle et la vie terrestre, en vain les grands, les hommes riches et puissants se mettent à son service, tous leurs efforts ne pourront obscurcir la vérité et enlever leur force aux paroles du prophète, § 11.

(3) Les prophètes antérieurs à Zoroastre ont déjà laissé des sentences et des maximes pour défendre les œuvres du bien. Grehma était un prêtre des Nomades, il transmettait les héritages des croyants au génie du mal, c'est-à-dire qu'il ravageait les cultures et détruisait les propriétés.

victorieuse, parce qu'elle alluma des flammes protectrices pour repousser le mal.

---

15. C'est par ces leçons que je détruirai parmi vous les sacrifices des démons et les oracles. Ceux que les Mazdas ne rendront pas par leur secours libres possesseurs de l'existence, seront portés par eux dans les demeures du bon esprit (1).

16. Tout cela sera le partage de l'homme de bien qui accomplit le sacrifice étincelant au loin, ô Souverain, ô Sage vivant ! C'est dans ce but que tu m'as envoyé; c'est ainsi que je veux précipiter les menteurs à leur ruine !

6, (33)

1. (Je veux maintenant annoncer) ce qui arrivera à celui qui accomplit les lois de la première vie et les actions les plus justes (ce qui en résulte) pour le menteur et pour l'homme véridique, pour celui qui ne cultive que l'imposture et pour celui qui ne recherche que la droiture.

2. Celui qui, en paroles, en pensée ou en actions, fait du mal au menteur, qui, à l'aide du bien, reconnaît la perversité, celui-là combat pour repousser le mal et se rend agréable au sage vivant.

3. De deux familiers, de deux serviteurs, ou de deux clients, celui qui passe pour le meilleur aux yeux de la vérité (Asha), ou qui, reconnaissant le Vivant (Ahura), cultive la terre, celui-là sera dans les champs du vrai et du bon esprit (2).

4. De toi, ô Sage, je veux détourner par mes prières la désobéissance et le mauvais esprit, l'indocilité du familier, le men-

---

(1) Si les Mazdas, les Génies supérieurs, n'assurent pas ici-bas à leurs adorateurs une existence heureuse et paisible, ils leur promettent du moins une vie meilleure, dans le séjour du Bon Esprit.

(2) Dans cette grande lutte les liens de famille ne doivent être comptés pour rien : le croyant sera récompensé, quel que soit son rang, tandis que les incrédules de la même famille, de la même maison, seront punis

songe du serviteur et celui du client, ainsi que les sentiments destructeurs des champs de la terre.

5. J'appellerai à ton aide le tout grand Çraosha, contre celui qui détruit la longue existence dans l'empire du bon esprit et sur les droits chemins de la vérité, où habite le sage vivant (1).

6. Celui qui invoque sincèrement les vérités, a lui-même l'essence du meilleur esprit ; il est alors doué de la pensée de vouloir développer l'agriculture. Voilà ce que je veux honorer, ô Sage vivant ! en suite de ta révélation et de tes communications.

7. Venez à moi, excellentes et propres vérités, qu'il faut reconnaître par le bon esprit, ô Sage ! par lequel je suis connu du grand aide (Magava, *magnus adjutor*). Les diverses formes d'adoration doivent nous être manifestées à tous deux.

8. Venez à moi, venez à moi, choses élevées, que Magava possède par le bon esprit, votre adoration, ô Sage ! et les véritables paroles de louange ! Accordez l'éternelle durée de votre immortalité et de votre prospérité.

9. Ces deux forces (2) qui font avancer l'esprit dans la vérité, qui sont efficaces durant toute l'année, par leur propre feu, par leur lieu, leur origine et le caractère du meilleur esprit, et que les âmes suivent, — elles sont à ta disposition, ô Sage !

10. Accorde-nous par ta grâce, ô Sage ! toutes les bonnes choses qui étaient, sont et seront dans le monde. Augmente par le bon esprit les possessions et les vérités, (fortifie) le corps par la santé.

---

11. Le Vivant le plus Fort et le Sage, la Piété et la Vérité, qui protège les campagnes, le Bon esprit et la Possession, vous tous (génies célestes) écoutez-moi et rendez-moi heureux dans toutes mes œuvres.

(1) *Craosha*, le culte divin personnifié, le *Braspati* du Véda, la croyance et la piété des hommes, est le secours le plus puissant d'Ahura dans sa lutte contre le mal.

(2) L'immortalité et la prospérité terrestre. Elles ont un feu propre, c'est-à-dire que ce sont des forces originaires et toujours actives. Ce sont les Amschaspands Amcretat et Haürvatât.

12. Lève-toi, vivante Armaiti! donne-moi la force, esprit très-saint Mazda! lorsque je te présente les bonnes prières, donne-moi, ô Vrai! la force puissante, la loi de la richesse par le bon esprit.

13. Tu veilles à mon salut, lorsque je regarde au loin à travers la vérité qui vous remplit, cette (vérité) vivante qui est propre à la possession et au bon esprit. Donne de la force aux chants sacrés, sainte et vraie Armaiti!

---

14. Au nombre des adorateurs est Zarathustra, qui pose la base (*en latin* primordium), savoir la sagesse du bon esprit, les vérités de l'action et autres choses semblables, telles que la tradition de la parole et la possession, afin que l'existence propre de chaque être demeure (1).

---

7. (34)

1. Toutes les actions, les paroles et les adorations, par lesquelles tu accordes, ô Sage! l'immortalité, la vérité et la possession du bonheur (incolumitatis), c'est toi qui les possèdes dans la plus riche mesure, ô Vivant!

2. Tout cela t'est donné par le bon esprit (mente spiritus boni) et par l'action de l'homme saint, dont l'âme poursuit la vérité. Dans votre demeure, ô Sage! retentissent les chants de louange.

3. A toi, ô Vivant! nous offrons des sacrifices avec des louanges et avec le vrai dans toutes les habitations (2) que tu as construites

---

(1) Ce verset retrace le mode d'activité et l'efficacité de Zoroastre. Le grand prophète a jeté les bases de la conservation de chaque chose, il a agi afin que toutes les créatures, malgré les attaques destructives des mauvais esprits, restassent dans l'état où les a formés Ahura-Mazda. Les moyens employés par lui pour atteindre ce but, sont : *la bonne pensée, la bonne parole, et la bonne action*; grande et sainte trinité dont la conception est propre à Zoroastre. De la *bonne pensée*, dépend la sagesse, de la *bonne action*, la vérité et la réalité, la *bonne parole* agit comme une sainte tradition, comme une possession divine du croyant et de l'adorateur.

(2) Ces habitations sont les *Gaëthâs*, c'est-à-dire les patrimoines des agricul-

par le bon esprit. Tenez-vous prêts, vous qui faites le bien ! Le salut est dans tout ce qui vous appartient, ô Sage !

4. C'est ton feu robuste, ô Vivant ! ô Vrai ! que nous désirons (ce feu) vigoureux, puissant, utile au monde, rendant des services variés ; c'est pour toi, qui anéantis les pécheurs par les traits lancés de tes mains (que nous l'adorons).

5. Quel est votre royaume? Quels biens sont acquis par les pieux usages, ô Sage ! si j'annonce les vérités avec le bon esprit pour tripler votre trinité? Depuis longtemps nous parlions pour vous deux contre les démons, les mangeurs de chair et les hommes (méchants) (1).

6. Si donc, ô Sage ! ô Vrai ! vous êtes réellement doués du bon esprit, accordez-moi en tous lieux la force de cette vie, parce que je veux aller au devant de vous deux avec des louanges et des adorations.

---

7. Où sont, ô Mazda protecteur ! ceux qui annoncent les biens du bon esprit dont nos ennemis se sont emparés ? Puisses-tu mettre au grand jour toutes les actions obscures, toutes les oppressions. Je ne connais aucun autre (dieu) que vous, ô Vrai ? Sauvez-nous maintenant nous deux.

8. Par nos (his nostris) actions, la terreur est inspirée à ceux qui préparaient la perte de plusieurs ; puisses-tu, ô Sage ! frapper d'angoisse (l'ennemi) auquel nous unissent les liens du sang (cognatum) par ta déclaration : « Les demeures de ceux qui ne pensent pas la vérité, sont dans un (lieu) éloigné du ciel brillant (2). »

---

leurs, propriétés établies, avec l'aide du Bon Esprit, par Ahura lui-même, inventeur de l'agriculture et des héritages.

(1) Les prières, les sacrifices, les pieux usages fortifient Ahura Mazda, et triplent la trinité divine, c'est-à-dire augmentent sa force, son influence. Les *mangeurs de chair* (khrafçtra's) sont les peuplades anthropophages, ou celles qui, dans leurs sacrifices, immolaient des créatures humaines.

(2) *Cognatum*, c'est-à-dire les tribus sœurs par le sang, les Indiens des Védas. Le poète espère effrayer ces adversaires en leur rappelant une antique déclaration, ou sentence du Dieu vivant, d'après laquelle ceux qui ne croient pas la vérité n'auront jamais leur demeure dans le séjour des bienheureux.

9. Celui qui, tout en connaissant la sainte et grande Armaïti, ô Sage! aide à répandre les mauvaises actions, par mépris du bon esprit, le grand (Zoroastre) lui enlève la connaissance des vérités, parce que (de ses œuvres naissent) les démons carnivores, qui courent çà et là.

10. Le très-intelligent a dit que les bonnes actions sont le fruit du bon esprit, et le savant (le sachant) a nommé la sainte Armaïti, qui est riche en créations, « l'essence de la vérité. » Et toutes ces forces agissent dans ton royaume, ô Vivant, ô Sage!

___

11. Toutes deux, l'immortalité aussi bien que la félicité, appartiennent à ta splendeur. Sous le règne du bon esprit, la piété s'est accrue avec la vérité. En elles se trouvent deux forces éternelles; tu appartiens, ô Sage! à ceux qui les possèdent par toi.

12. Quel est ton secret? Que désires-tu? Quel est (le rôle) de la louange ou celui de l'adoration? Proclame hautement pour qu'on l'entende, ô Sage! qui crée les vérités dont vous êtes gardiens. Enseigne-nous, ô Vrai! les voies du bon esprit que tu as toi-même tracées.

13. Cette voie du bon esprit que tu m'as désignée, ce sont les belles paroles des prêtres du feu, issues de la pure vérité. Car une récompense est accordée à ceux qui font le bien, et c'est toi, ô Sage! qui la donnes.

14. Vous avez donné, ô Sage! pour rempart au monde existant les actions du bon esprit; à ceux qui se vouent à la culture de la terre impérissable, vous accordez votre bonne sagesse. O Vivant! tu as protégé la vraie culture de l'intelligence.

15. O Sage! dis-moi ces excellentes leçons et actions, dis-moi avec un esprit bon et vrai les prières de la louange (littér. · du louant). Par votre règne, ô Vivant! tu as par ta grâce assuré la durée constante de la vie présente.

DEUXIÈME RECUEIL.

Gâthâ uçtavaiti

(Yaçna, chapitres 43-47).

8, (43).

Louange à vous, chants véridiques! –

1. Salut à chacun, salut à tous ceux auxquels le Sage vivant, le Tout-Puissant (*sponte-regnans*) daigne donner les deux forces éternelles. Je t'invoque pour conserver la vérité. Accorde-le-moi Armaiti : donne-moi les richesses, les vérités, la possession du bon esprit!

---

2. Toi, le meilleur de tous, je t'adorerai comme la source de la lumière pour ce monde; puisse chacun te choisir, esprit très-saint Mazda! comme la source de la lumière. Tu nous donnes maintenant toutes les vérités par la sagesse du bon esprit, et tu nous promets par là une longue existence.

---

3. Celui-là (Çraosha) peut atteindre au bien suprême, qui peut nous apprendre à tous deux (1) les droits sentiers de la vie terrestre et de la vie spirituelle, qui conduisent aux créations réelles; c'est dans ces sentiers qu'il habite, le vivant, le fidèle, ton image, le noble, le saint, ô Sage!

---

4. Je veux penser à toi comme au fort, au saint, ô Sage! Car

(1) *Tous deux*. Zoroastre et Viçtaspa ou quelque autre des compagnons du prophète.

de la main avec laquelle tu nous prodigues les secours, tu as donné ces vérités au véridique comme au menteur, par la chaleur de ton feu qui procure de la force à la réalité. C'est par là que je participe à la force du bon esprit.

5. C'est ainsi que je pensais à toi comme au saint, ô Sage vivant! C'est toi que j'ai regardé comme le principe de la création terrestre, parce que tu établis, ô Rémunérateur! les saints usages et que tu as promulgué la parole sainte; tu donnes au méchant le mal, à l'homme de bien la bonne vérité. C'est à toi que je penserai, ô Majestueux! au terme extrême de la création (1).

6. Dans quelque partie (de la vie) que je te contemple, ô Sage vivant! tu y viens avec la possession et le bon esprit, par les actions duquel les campagnes sont constamment protégées. A ceux-ci (à tes adorateurs) Armaiti révèle les lois de ton intelligence que personne ne saurait tromper.

———

7. C'est ainsi que je pensais à toi, comme au Saint, ô Sage vivant! c'est pour cela qu'il (Çraosha) vint à moi avec le bon esprit et me demanda : qui es-tu? de qui es-tu (le fils)? Comment penses-tu aujourd'hui accroître la prospérité des campagnes et des corps?

8. Je lui répondis en ces termes : d'abord je suis Zarathustra ; ensuite je veux déclarer inimitié au menteur et être pour le véridique un puissant auxiliaire. Aussi longtemps, ô Sage! que je te louerai et te glorifierai, je veux réveiller quiconque est désireux de la possession.

9. C'est ainsi que je pensais à toi, comme au saint, ô Sage! aussi est-il (Crasoha) venu vers moi avec un bon esprit (et je lui demandai) : à qui veux-tu que je communique l'accroissement (de la vie terrestre)? Je veux au milieu de ceux qui honorent ton feu par leurs louanges me souvenir toujours de la vérité, aussi longtemps que je le pourrai.

10. Daigne donc me donner la vérité; car, accompagné de la

---

(1) C'est-à-dire dans la dernière partie de la création, dans la création de la vie spirituelle, opposée à la vie terrestre.

piété, je me nomme un fidèle et je veux demander pour nous deux ce qu'on ne peut demander qu'à toi seul. Veuille le roi allumer pour toi, que j'interroge, un immense bûcher, comme les puissants seuls ont le pouvoir de le faire (1).

11. C'est ainsi que je pensais à toi, comme au saint, ô Sage! aussi (Craosha) est-il venu à moi avec un bon esprit. Puisque moi, votre serviteur le plus dévoué parmi les hommes, je veux d'abord anéantir les ennemis avec vos paroles, dites-moi ce que je puis faire de meilleur.

12. Et lorsque tu m'eus dit la vérité, tu vins pour m'instruire Tu m'ordonnas de ne pas me produire sans avoir auparavant reçu une révélation, avant que ne fût venu vers moi Çraosha, accompagné de la vérité majestueuse, qui daigne révéler vos vérités par les morceaux de bois destinés à produire le feu.

13. C'est ainsi que je pensais à toi (2), comme au saint, ô Sage! aussi (Craosha) vint-il vers moi avec un bon esprit. Que j'obtienne les choses que j'ai désirées; accordez-moi le don d'une longue vie, qu'aucun de vous deux ne m'en prive, pour la prospérité de ce beau monde qui est soumis à ta domination.

14. C'est pourquoi le puissant possesseur des biens (Çraosha) me donna à moi (son) ami la connaissance de ton secours, parce qu'une fois en possession des véritables biens accordés par toi, j'ai résolu de me produire dans les différents genres d'éloquence avec tous ceux qui récitent les chants.

15. C'est ainsi que je pensais à toi, comme au saint, ô Sage! aussi vint-il à moi avec un bon esprit. Que la béatitude suprême jaillisse brillante (du sein) des flammes! Qu'ils soient en petit nombre les adorateurs du menteur! Que tous respectent les prêtres (inflammatores) du feu véridique!

16. O Sage vivant! telle est la prière de Zarathustra et des saints pour tous ceux qui prennent (pour guide) l'esprit saint.

(1) Zoroastre prie Ahura en son nom et au nom de son ami le puissant chef ou roi Viçtaspa. Celui-ci doit en l'honneur du dieu allumer un bûcher ardent et faire un sacrifice digne d'un roi.

(2) *C'est ainsi*, etc. Cette formule répétée cinq fois aurait, suivant M. Martin Haug, le sens que voici : « Tandis que je pensais constamment à toi, ô Mazda, je
» m'abimais tout à fait en toi par mes pensées, l'oreille de mon intelligence
» (Craosha, l'ouïe) entendit la voix: l'inspiration divine descendit en moi et je fus
» rempli du Saint-Esprit »

Que la réalité et la vérité soient puissantes dans le monde! Que dans tout être qui contemple la lumière du soleil, Armaiti (la piété) daigne habiter! elle, qui par ses actions, avec le bon esprit, donne la prospérité.

9, (44).

1. Je veux te demander ceci, réponds-moi avec justesse, ô Vivant! Comment, ô Sage, votre ami (Craosha) annoncera-t-il au mien (Viçtaspa) votre cantique de louange et comment viendra-t-il à nous avec le bon esprit pour accomplir les véritables bonnes œuvres?

2. Je veux te demander ceci, réponds-moi avec justesse, ô Vivant! Quel fut le commencement de la meilleure vie? Comment peut-on être utile à ce qui existe? Celui-là même, ô Vrai! le saint (Çraosha) est le gardien des créatures, ô Esprit! dont il écarte les maux, il est le protecteur (adjutor) de toute vie, ô Sage!

3. Je veux te demander ceci, réponds-moi avec justesse; ô Vivant! Quel est le premier père et le générateur de la vérité? Qui a créé au soleil et aux étoiles leur voie? Quel autre que toi fait croître et décroître la lune? Toutes ces choses, je désire les ajouter à celles que je sais déjà.

4. Je veux te demander ceci, réponds-moi avec justesse, ô Vivant! Qui soutient la terre et les nuées au-dessus (d'elle)? Qui (a créé) les eaux et les arbres des campagnes? Qui est avec les vents et les tempêtes, pour qu'ils volent si vite? Qui est le maître des créatures du bon esprit, ô Sage?

5. Je veux te demander ceci, réponds-moi avec justesse, ô Vivant! Qui a créé les lumières bienfaisantes et les ténèbres? Qui a créé le sommeil et l'activité bienfaisants? qui (a créé) l'aurore, le midi et la nuit, qui rappellent sans cesse à leurs devoirs les possesseurs de la révélation divine?

6. Je veux te demander ceci, réponds-moi avec justesse, ô Vivant! Quelles (paroles) dois-je annoncer, si les suivantes ont déjà été annoncées : « 1° La piété double la vérité par ses actions. » « 2° C'est pour toi qu'il amasse la puissance par le bon esprit. » « 3° Pour qui as-tu créé la vache invincible Rânjôçkereti (1)? »

7. Je veux te demander ceci, réponds-moi avec justesse, ô Vivant! Qui a formé la terre élevée avec tous ses biens? Qui est-ce qui fait sans cesse succéder un bon fils à son père, comme le tisserand un fil à un autre? Je viens auprès de toi, ô Sage! pour connaître toutes ces choses, Esprit saint! Créateur de toutes choses.

8. Je veux te demander ceci, réponds-moi avec justesse, ô Vivant! Quelle âme m'enseignera le bien et me fera souvenir de ta doctrine, du progrès (promotio) qui est promis par le bon esprit, et de toutes les choses vraies de la vie, qui existent pour que nous les possédions? Puisse cette âme s'approcher de moi.

9. Je veux te demander ceci, réponds-moi avec justesse, ô Vivant! Comment dois-je sanctifier cette religion, que ton ami voudrait prêcher devant le roi puissant et sage, qui, dans l'assemblée, ô Sage! protége toute chose juste par le bon esprit?

10. Je veux te demander ceci, réponds-moi avec justesse, ô Vivant! Cette religion, qui est la meilleure, qui protége mes domaines et qui accomplit avec justesse les vraies cérémonies prescrites par les paroles d'Armaiti. Je souhaite t'adorer, ô Sage! d'après ma science.

11. Je veux te demander ceci, réponds-moi avec justesse, ô Vivant! Comment votre Armaiti parvient-elle à ceux auxquels la doctrine a été apportée par toi-même, ô Sage? Je suis reconnu

---

(1) Ces trois sentences obscures peuvent être ainsi expliquées :
1° La dévotion et la piété actives travaillent au triomphe de la vérité, et accroissent son influence. 2° C'est une promesse de Zoroastre à quelque croyant, peut-être à Viçtaspa « Ahura rassemble pour toi la puissance avec l'aide du bon esprit. » 3° La *vache immortelle*, c'est la terre ou l'âme de l'âme de la terre et les Gâthâs nous apprennent plus loin (47, § 4) qu'elle a été créée pour ce monde et pour la vie terrestre.

par eux comme ton premier (prophète) je regarderai avec haine tous ceux d'une autre croyance.

———

12. Je veux te demander ceci, réponds-moi avec justesse, ô Vivant! Qui est le véridique, qui le menteur, je veux le savoir? Chez qui se trouve le noir (esprit), chez qui le brillant? Pourquoi le menteur qui s'attaque avec violence à moi ou à toi, n'est-il pas regardé avec raison comme un noir?

13. Je veux te demander ceci, réponds-je avec justesse, ô Vivant! Comment devons-nous chasser le mensonge de cet endroit-ci et le pousser chez ceux qui, pleins de désobéissance, n'honorent pas la vérité en suivant ses préceptes et ne se soucient pas des progrès du bon esprit?

14. Je veux te demander ceci, réponds-moi avec justesse, ô Vivant! Comment puis-je livrer le mensonge entre les mains de la vérité, pour qu'il soit anéanti par les chants de tes louanges? Si tu veux, ô Sage, me communiquer des paroles magiques (incantationem) efficaces contre les menteurs, je mettrai par là un terme à toutes les difficultés (ambiguitates) et à toutes les misères (angustias).

———

15. Je veux te demander ceci, réponds-moi avec justesse, ô Vivant! O Vrai! ce gras troupeau, ta propriété, auquel des seigneurs le donnes-tu, lorsque les deux armées se préparent en silence à en venir aux mains, pour ces paroles que tu veux toi-même établir? ô Sage!

16. Je veux te demander ceci, réponds-moi avec justesse, ô Vivant! Qui a tué les démons ennemis, qui ont des formes si variées, afin que je puisse reconnaître la loi des deux vies? Ainsi donc puisse Çraosha combattre avec le bon esprit, ô Sage! pour chacun de ceux auxquels tu es propice.

17. Je veux te demander ceci, réponds-moi avec justesse, ô Vivant! Comment puis-je parvenir à vos demeures où vous faites retentir votre chant? Ma voix demande que je sois protégé par

la perfection et par l'immortalité, au moyen de ce chant qui est un trésor de vérité.

18. Je veux te demander ceci, réponds-moi avec justesse, ô Vivant! Comment dois-je, ô Vrai! offrir cette oblation, dix juments pleines et encore plus, afin d'obtenir dans l'avenir, ô Sage! les deux forces de la perfection et de l'immortalité, ainsi que tu peux nous les donner?

19. Je veux te demander ceci, réponds-moi avec justesse, ô Vivant! Quelle était la première pensée de celui — car je connais déjà sa dernière (1) — qui ne donne rien à celui qui apporte cette offrande, qui ne donne rien à celui qui parle avec justesse?

20. Que sont donc les Daevas, ô bon souverain Mazda? Je voudrais t'interroger sur ces êtres qui combattent l'existence et avec l'aide desquels le prêtre et prophète des idoles a livré la terre à la désolation, et savoir ce que le faux devin a par là gagné pour lui-même? Puisses-tu, ô Vrai! ne pas lui accorder un champ qu'il entoure d'une clôture.

10, (45).

1. Prêtez maintenant l'oreille et écoutez, vous tous qui êtes venus de près et de loin; je vous annoncerai maintenant toutes choses sur le couple (des esprits), comme les sages l'ont reconnu. Le mal-parlant ne doit pas tuer la seconde vie, ni le menteur dont la langue confesse une religion de néant.

2. Je vous parlerai des deux premiers génies de la vie, dont le plus saint dit au mauvais : « Est-ce que les pensées, est-ce que les paroles, est-ce que les intelligences, est-ce que les doctrines, est-ce que les leçons et les cérémonies, est-ce que les méditations, est-ce que les âmes ne me suivent pas? »

3. J'annoncerai la première (pensée) de cette vie, que le Sage vivant m'a révélée, à ceux qui n'accomplissent pas vos préceptes, comme je le pense et le dis : Que l'expérience (la sagesse acquise) de la vie soit pour ceux-ci un secours !

(1) La première pensée est la sagesse originaire révélée par Dieu aux hommes; la seconde est la sagesse acquise par les hommes au moyen de la réflexion et de l'expérience. Voy. ci-après, 15, § 3.

4. J'annoncerai le meilleur (être) de cette vie, le Sage, qui connait la vérité parce qu'il l'a créée, qui est le père du bon esprit efficace : sa fille, qui fait le bien, est Armaiti. Le vivant par lequel toutes ces choses sont, ne saurait être trompé.

5. J'annoncerai ce que le Très-Saint m'a dit, la parole qui est pour les hommes la meilleure chose à entendre, à tous ceux qui prêtent l'oreille à ma (voix) et qui sont venus ici ; le Sage vivant possède la perfection et l'immortalité par les œuvres du bon esprit.

6. J'annoncerai le Tout Grand (Craosha), qui loue la vérité, qui fait le bien, et tous ceux qui (faisant le bien) sont avec l'esprit saint. Puisse m'entendre le Sage vivant, dont la bonté fait prospérer le bon esprit; qu'il daigne me diriger par sa meilleure intelligence.

7. C'est par la puissance de sa volonté qu'ont été et que seront tous les (êtres) vivants. L'âme du véridique aspire à l'éternelle immortalité, qui est la force destructrice des hommes méchants; elle est possédée par le Sage vivant, le maître des créatures.

8. Celui que je désire glorifier et honorer par nos chants de louange, je viens de le voir de mes yeux, lui, qui connait la vérité, le Sage vivant, comme la source du bon esprit, de la bonne action et de la bonne parole. Déposons donc nos offrandes dans la maison de ceux qui chantent ses louanges.

9. Je veux l'adorer avec notre bon esprit, lui qui nous est toujours propice dans la lumière et dans l'obscurité ; lui, le Sage vivant, qui crée par son activité les possessions, puisse-t-il donner l'accroissement à nos troupeaux et à nos hommes, et protéger la vérité par la grandeur du bon esprit.

10. Je veux l'exalter par les prières de notre piété, lui qui par lui-même est regardé comme le Sage vivant, parce qu'il est intelligent et d'un esprit bon et vrai. Dans son royaume sont la perfection et l'immortalité ; c'est lui qui accorde au monde ces deux forces éternelles.

---

11. Celui qui regarde comme pervers les démons ainsi que tous ces hommes dont les pensées ne sont que perversité, et qui

les sépare de ceux dont les pensées sont droites : celui-là a pour ami, pour frère ou pour père Ahura-Mazda lui-même. Telle est la sainte méditation du maître (de la maison), du prêtre du feu.

11, (46).

1. Vers quel pays me tournerai-je ? Où dois-je m'enfuir ? Quelle contrée protégera le maître et son disciple ? Je ne suis honoré par aucun des serviteurs, ni par les princes du pays, qui sont des infidèles. Comment t'honorerai-je désormais, ô Sage vivant ?

2. Je sais, ô Sage, que je suis dénué de tout. Jette les yeux sur moi, le fidèle parmi tes fidèles, vois comme je m'approche en pleurant de toi, ô Vivant, toi qui distribues le bonheur, comme un ami le donne à son ami. Tu possèdes en propre le bienfait du bon esprit, ô Vrai !

3. Quand paraissent, ô Sage ! les proclamateurs (indicatores) des jours (1), pour conserver la vie réelle ? — Les (hautes) intelligences sont renfermées dans les chants artistement composés des prêtres du feu. — Quels sont ceux au secours desquels il est venu avec le bon esprit ? — C'est toi que je choisis pour moi, ô Vivant ! moi qui chante tes louanges.

4. Le menteur possède les campagnes de la vérité protectrice, la terre, dans le district comme dans la province, mais comme un adorateur du mal qu'il est, il n'a point de succès dans ses actions. Celui qui le chassera, ô Sage ! de son royaume ou de ses possessions, celui-là même marche dans les sentiers de la bonne science.

(1) Les *précurseurs des jours*, les lumières des cieux, les astres. Les diverses phrases de ce verset n'ont aucune liaison entre elles.

5. Si à l'avenir un souverain saisit celui qui viole un serment, ou si un noble saisit quelqu'un qui manque à ses promesses, ou si un véridique vivant dans la droiture saisit un menteur, celui qui l'a découvert doit le dénoncer au seigneur : que cet homme soit réduit à la misère et à l'indigence, ô Sage vivant !

6. Mais si quelqu'un ne se rend pas auprès de lui (c'est-à-dire du chef de la communauté), bien que cela lui soit possible, qu'il aille (se ranger) près des idoles du mensonge actuellement régnant. Car celui-là est un menteur, qui passe pour un homme excellent aux yeux du menteur, celui-là est un véridique qui a un véridique pour ami. C'est ainsi que tu donnais d'antiques sentences, ô Vivant !

7. Qui donc, ô Sage ! me donna-t-on comme protecteur, lorsque le menteur s'appliquait à me nuire, qui d'autre que ton feu et ton esprit, par l'action combinée desquels tu as créé le réel, ô Vivant ! — Indique-moi cette force (*ou* vertu) pour la religion.

8. Si quelqu'un dévaste mes campagnes, ou ne me choisit pas par ses actes comme un adorateur du feu, que le vengeur s'attache à sa personne avec une haine pareille, qu'il l'éloigne de la bonne possession, mais non de la mauvaise, remplie de toute inimitié, ô Sage !

9. Quel est celui qui venant à mon aide me fit d'abord reconnaître que tu es, par-dessus tout, digne de vénération, toi le vivant, le véridique en action? Les vérités que le créateur de la terre t'annonça, me sont transmises par ton bon esprit.

10. L'homme ou la femme, ô Sage vivant ! qui accomplit dans cette vie les meilleures actions que tu connaisses (en faisant avancer) la vérité, et ton règne par le bon esprit, ainsi que tous ceux que je suivrai en chantant vos louanges; avec tous ceux-là je passerai le pont du collecteur (1).

11. La domination est aux mains des prêtres et des prophètes des démons, qui cherchent à tuer la vie humaine par leurs mauvaises actions. Leur propre cœur et leur propre pensée les poussent (à leur perte), en sorte qu'ils devront passer devant le

---

(1) Le pont Çinvat qui conduit au ciel. Le collecteur est le génie chargé de réunir les âmes des justes pour les conduire en paradis, peut-être le même que Çraocha.

pont du collecteur et demeurer à toute éternité dans l'habitation du mensonge.

12. Lorsqu'après la défaite de l'ennemi Frjâna, les vrais usages (c'est-à-dire l'agriculture et le culte du feu) parurent au milieu des tribus et des nations, tu entouras de palissades les domaines de la terre. C'est ainsi que le sage vivant les protégea tous par le bon esprit et les assigna à ses fidèles comme possession.

---

13 Celui qui honore avec zèle le très-saint Zarathustra parmi les hommes, celui-là est propre à annoncer publiquement sa doctrine. C'est à lui (Zarathustra) que le Sage vivant a donné la vie ; c'est pour lui qu'il a enclos les campagnes avec (l'aide du) bon esprit, c'est lui que nous regardons, ô Vrai, comme votre bon ami.

14. Zarathustra! quel est ton véritable ami dans cette grande œuvre? ou qui veut l'annoncer ouvertement? C'est moi Kavâ Vîçtâçpa qui le ferai. Ceux que tu as choisis, ô Sage vivant ! dans l'assemblée, je veux les adorer avec les paroles du bon esprit.

15. C'est à vous que je m'adresserai, saint Haêcat-Açpas (1), parce que vous distinguez le juste et l'injuste, et que vous avez par vos actions fondé le vrai (qui est déposé) dans les anciennes lois du vivant.

16. Auguste Frashaostra, va là-bas avec ces auxiliaires que nous avons tous deux choisis pour le salut du monde, là où la piété forme le cortège de la vérité, où les possessions du bon esprit sont cultivées où le sage vivant habite sa haute retraite.

17. Là où vous ne faites entendre que des paroles favorables, et point de malédictions, auguste Dêgâmâçpas! parce que vous possédez toujours les biens de celui qui dispose et accomplit les saintes cérémonies, qui distingue le juste et l'injuste, savoir du Sage vivant, dont l'intelligence est puissante.

---

(1) *Vîçtâçpa* était un Kava ou roi qui régnait du temps de Zoroastre et se montra favorable à sa doctrine. Haêçat-açpa, Gamaçpa et Frashaostra étaient des compagnons ou disciples du prophète. Voy. 51, § 14 à 19

18. Celui qui me témoigne de la bienveillance j'amasserai pour lui tout le meilleur de mes biens avec le bon esprit ; mais (j'apporterai) la détresse sur tous ceux qui nous mettent nous deux dans l'angoisse. O Sage vivant ! j'implorerai votre secours : tel est le conseil de mon intelligence et de mon esprit.

19. Celui qui fera pour moi, Zarathustra, que cette vie réelle reçoive par la vérité le plus grand développement, obtiendra comme récompense la vie première et la vie spirituelle, avec tous les biens réunis sur la terre impérissable. Toutes ces choses, c'est toi, ô Sage ! toi mon (ami), qui les possèdes dans la plus riche mesure.

TROISIEME RECUEIL.

Gâthâ çpeñtâ-mainjū.

(Yaçna, chap. 47 à 50).

12, (47).

Louange à vous, chants véridiques.

1. Le Sage vivant accorde à ce monde, au moyen du saint esprit, au moyen du bon esprit, de l'action et de la parole de la vérité, les deux forces de la perfection et de l'immortalité dans le royaume de la terre.

2. De cet esprit très-saint procède tout le bien qui se manifeste maintenant dans les paroles du bon esprit prononcées par la langue des hommes. Le Sage, comme père de la vérité, accomplit de ses mains, en vertu de sa science, les œuvres saintes d'Armaïti (c'est-à-dire l'agriculture).

3. Tu es d'un même esprit, également saint, toi qui créas pour ce monde la terre avec le feu qui repose dans son sein. Tu ornas la terre de riantes campagnes, après t'être consulté, ô Sage ! avec le bon esprit.

4. C'est par l'esprit du mensonge que les impies cherchent à nuire, car ils ne le peuvent par l'esprit du véritable sage. Pourquoi le véridique compte-t-il si peu de partisans, tandis que le menteur est suivi d'un grand nombre d'hommes puissants et infidèles ?

5. Et cependant, ô esprit-saint Ahura-Mazda ! tous les meilleurs biens appartiennent au véridique. Le menteur prodigue les largesses accordées par ta grâce et persiste par ses actions dans son mauvais esprit.

---

6. C'est toi, ô esprit-saint Ahura-Mazda ! qui as déposé le don du feu bienfaisant dans les morceaux de bois (1), par la dualité (duplicatione) de la vérité et de la piété. Celle-ci, en effet, protége.le grand nombre de ceux qui s'approchent du foyer sacré.

13, (48).

1. Si par ces choses, ô Vrai ! il (Zoroastre) anéantit le mensonge, en sorte que les mauvaises paroles prononcées contre l'immortalité par les démons et par les hommes ne se transmettent pas en héritage, puisse-t-il, grâce à tes secours, ô Vivant ! prononcer la prière de salut.

---

2. Dis-moi ce que tu sais, ô Vivant ! avant que je n'aie à soutenir le combat de l'esprit. O Sage ! le véridique ne saurait-il détruire le menteur ! Cela passe pour une bonne action de la vie.

---

3. Le (sort) le meilleur est (réservé) à celui qui connaît les lois que le Vivant, auteur de tout bien, le saint, ton ami, ô Sage !

---

(1) Les morceaux de bois dont les hommes primitifs, comme les sauvages de nos jours, faisaient jaillir l'étincelle par un frottement rapide.

proclame par l'intelligence du bon esprit, de concert avec tous ceux qui peuvent expliquer tes mystères.

---

4. La bénédiction accompagne les opinions et les doctrines de celui qui enseigna le premier un bon et un mauvais esprit en pensée, en parole et en action. — N'est-ce pas en toi que se trouvait la source première des deux sagesses?

---

5. Que les bons règnent sur nous, et non pas les méchants! Par les actions de la bonne science, tu accordes, ô Armaiti! au genre humain le bonheur et les dons les plus précieux Pour (pourvoir) à notre nourriture, tu fais prospérer la culture de la terre.

6. C'est celle qui possède la plus belle habitation, c'est la grande (Armaiti) qui a créé en nous ces deux forces éternelles du bon esprit. C'est pour elle que le Sage vivant fait croître des arbres par la vérité pour la race humaine de la première vie (1).

---

7. Repoussez l'attaque! Combattez contre la destruction! Il (Zoroastre) triomphe de tous deux par le bon esprit. Je marche sur les traces de la vérité, comme c'est le devoir d'un homme saint, et je te remets, ô Vivant! ses créatures (2).

---

8. Comment, ô Sage! parvenir à ton bon royaume, comment, ô Vivant! atteindre à ta vérité? Quelles sont les choses vraies qui reposent en toi et qui doivent être communiquées aux auxiliaires réels (de la foi), et qui sont le boulevard des actions du bon esprit?

---

(1) C'est-à-dire de la vie terrestre.
(2) Zoroastre semble être présenté ici comme seigneur de la création Dans les livres postérieurs des Parses il est considéré souvent comme créateur

9. Quand saurai-je si vous m'avez envoyé, ô Sage! ô Vrai! pour étendre le territoire sur lequel vous régnez? L'adorateur du feu doit connaître exactement les paroles exactes issues du bon esprit, afin de pouvoir posséder la vérité.

10. Quand paraîtront, ô Sage! les hommes de cœur et de force? quand souilleront-ils cette boisson enivrante? (le Soma) C'est de cet art diabolique (arte nigrâ) que les prêtres des démons s'enorgueillissent, ainsi que du mauvais esprit qui règne dans les provinces.

11. Quand viendra, ô Sage! ô Vrai! Armaiti apportant avec elle la domination, de belles possessions et de riches campagnes? — Quels sont ceux qui peuvent, en dépit des menteurs cruels, procurer la sécurité? Quels sont ceux auxquels parvient la sagesse du bon esprit?

12. Ce sont dans les provinces les adorateurs du feu (Caos-Kjanto) qui accomplissent en actions le culte de ta doctrine, ô Vrai! avec un bon esprit. — Car tes lois, ô Sage! sont les destructrices de l'attaque (ennemie).

14, (49).

1. Le puissant Bendva ne doit pas détruire à toujours, lui qui s'est uni avec l'adorateur des sorcières malfaisantes (malum-incitatrices), ô Vrai! ô Sage! Viens à moi avec le don du bien, aide-moi, éloigne par le bon esprit les maux dont celui-là me menace.

2. Il me vient ainsi la pensée que la religion menteuse de ce Bendva nuit doublement à la vérité : il ne conserve pas à ce monde la sainte Armaiti et il n'a aucune communication avec le bon esprit, ô Sage!

3. Dans cette doctrine, ô Sage! se trouve la vérité pour procurer des avantages; mais dans la religion menteuse, il n'y a que vanité pour nuire. Il faut vénérer cette création du bon esprit; mais je veux parler contre tous les partisans du mensonge.

4. Ceux qui, par leur mauvaise intelligence et par leurs paroles, augmentent le trouble et la ruine, qui ne possèdent rien au milieu de gens opulents, et dont aucun ne fait de bonnes ac-

tions mais des mauvaises ; de tels hommes engendrent les démons par leur croyance menteuse.

5. C'est le sage (Zoroastre) qui, par son culte et son adoration, protége la foi (meditationem) par le bon esprit, ainsi que tout noble qui s'est donné à Armaiti, ô Vrai ! Il est avec tous ces génies placé dans ton empire, ô Vivant !

—

6. Je publie ce qui m'a été révélé par vous deux, ô Sage ! la vérité et les pensées de votre esprit, afin de bien reconnaître cette croyance qui est la vôtre, et de pouvoir l'annoncer, ô Vivant !

7. Écoute ceci avec le bon esprit, ô Sage ! écoute-le, ô Vrai ! prête l'oreille, ô Vivant ! Quel client, ou quel familier (domesticus) possède les lois, afin de pouvoir instruire le serviteur dans la bonne croyance ?

8. Tu confias à Frashaostra ainsi qu'à moi la création sublime de la vérité, — je t'en prie, ô Sage vivant ! — celle qui est dans ton bon royaume. Nous voulons être en tout temps tes messagers !

9. Que le riche (le propriétaire), créé pour l'utilité, écoute les lois ; celui qui parle selon la droiture ne doit pas livrer la création au menteur. Car les anciennes maximes (meditationes) apportent les plus grands avantages, puisque les deux Dê-gâmâçpa's (leurs auteurs et conservateurs) possèdent la vérité.

10. Voilà, ô Sage ! ce que je t'ai confié pour protéger le bon esprit et les âmes des véridiques, ainsi que le culte qui consiste en piété et en prière, par ta puissance, ton règne et ta possession secourable (auxilium largiente).

11. Les âmes (des véridiques) combattent contre les menteurs, dont l'intelligence est vaine, qui sont méchants, qui agissent, parlent, pensent et croient mal. Certainement leurs corps seront un jour dans la demeure du mensonge (l'enfer).

12. Quelle aide trouva Zarathustra en invoquant les vérités ? Que reçut-il du bon esprit ? Je veux vous louer et vous célébrer, ô Sage ! ô Vivant ! en implorant de vous ce que Zoroastre implora comme le plus grand bien.

15, (50).

1. De quel secours dispose mon âme? Quel est le protecteur de mon bétail et de moi-même, si ce n'est le Vrai, et toi, ô Sage vivant! tous deux objets de mes louanges, et le bon esprit?

2. Comment, ô Sage! forma-t-il la vache Ranjoç-Kereti (la terre), celui qui la destina comme demeure à la race humaine? Laisse-moi éclairer et guider sur le droit chemin les êtres nombreux qui contemplent la lumière du soleil! Donne la justice!

3. Puisse, ô Sage vivant! la justice être le partage de ce monde! Elle ne fut comprise à l'aide de la possession et du bon esprit que par l'homme de la vérité, qui entoure avec vigueur (de palissades) le champ voisin, que le menteur dévaste.

4. Ainsi donc je veux vous honorer tous deux par mes louanges, ô Sage vivant! en même temps que le vrai, le bon esprit et la puissance. Ceux qui aspirent à ces biens, il (Zarathustra) les guide sur le chemin conduisant vers celui qui entend dans le paradis les cantiques des (génies) véritablement pieux.

5. Soyez prêts, ô Sage! ô Vivant! à assister votre prophète par un secours puissant et de tous côtés visible, par votre main étendue! Que l'auteur du feu daigne nous accorder ce secours à nous deux!

6. C'est Zarathustra, ô Sage! c'est ton adorateur, ô Vrai! qui fait entendre des chants de louange, qui annonce les œuvres de l'intelligence et le gouvernement (gubernationem) de la langue, qui révèle mes mystères au genre humain.

7. Je veux, comme votre adorateur, vous invoquer tous deux, vous qui distribuez le bien, ainsi que tous ceux qui atteignent les ponts (1) de votre béatitude, ô Sage! ô Vrai! avec le bon esprit, ces ponts qui vous appartiennent; accordez-moi votre secours!

8. Je m'approcherai de vous deux, ô Sage! avec les vers qui ont été composés et transmis en votre honneur, en élevant les mains. C'est vous deux, ô Vrai! que j'honorerai avec les louanges du prophète (promotoris) et avec la vertu du bon esprit.

9. C'est avec ces prières, ô Sage! ô Vrai! et avec des louanges

---

(1) Les ponts qui conduisent au séjour des bienheureux Voy 46, § 10 et suiv

que j'irai au-devant de vous, ainsi qu'avec les œuvres du bon esprit. Puisque tu es l'arbitre de ma nature, je soupire après toi comme après celui qui possède le bien et c'est à toi que je crie.

10. Tous les corps brillants avec leurs phénomènes (quæ in illis actiones), tout ce qui a par le bon esprit un œil brillant, les étoiles et le soleil, indicateur des jours, célèbrent votre gloire, ô Sage vivant!

11. Je veux être appelé votre louangeur, ô Sage! et je le resterai, aussi longtemps que je le pourrai, en travaillant à l'avancement des lois de la vie, qui ont pour but la perfection des choses présentes, afin que la vie du monde continue d'elle-même sa marche.

QUATRIÈME RECUEIL.

Gâthâ vohukhshathra.

(Yaçna, chap. 51-52)

16, (51).

1. Toute adoration, ô Vrai! se résume en actions par lesquelles on peut acquérir la bonne possession, pleine de sécurité et de bonheur de toutes parts. C'est une telle (adoration) excellente que je veux maintenant accomplir pour notre salut.

---

2. Voilà ce que je vous demande, d'abord à toi, Sage! Vivant! Vrai! et à toi, Armaiti! Accorde-moi, pour fruit de ma méditation, la possession de vos biens avec le bon esprit, pour mon salut et pour mon secours!

3. Ils parviennent à votre terre ceux qui vous protégent par leurs actions, ô Vivant! ô Vrai! en prononçant de bouche les paroles du bon esprit, auxquelles tu as d'abord donné l'efficacité, ô Sage !

---

4. Où est le maître des trésors? Où sont les récompenses? Où sont ceux qui honorent la vérité? Où est la sainte Armaïti? Où est le meilleur esprit? Où sont les richesses (regna) qui doivent s'acquérir par toi, ô Sage?

5. Toutes ces demandes sont faites par l'agriculteur, qui est fort par ses actions pour posséder la terre à perpétuité, qui a le bon sprit; (voilà ce qu'il demande) avec des louanges à celui qui nous est connu comme le maître de la loi efficace pour les créatures, comme le possesseur de la vérité;

6. Qui accorde les dons les plus précieux à celui qui sert de boulevard (au bien)? le Sage vivant avec sa puissance; mais il accorde les pires (dons) à celui qui ne fait rien pour soi-même au dernier terme de la vie.

7. O toi qui as formé la terre, les eaux et les arbres, esprit très-saint, donne-moi l'immortalité et la perfection (incolumitates); je chante ces deux forces éternelles avec le bon esprit.

8. C'est ainsi que je veux te dire ta louange, ô Sage! en effet que l'on dise à celui qui sait tout (scienti) que je veux faire du mal au menteur, mais du bien à celui qui conserve la vérité. Car celui-là précisément conserve les paroles (carmina), qui les répète à celui qui sait.

---

9. Tu places le don de ton feu brillant dans les deux morceaux de bois, ô Sage! pour fortifier les deux vies dans le cours des âges, pour nuire au menteur, pour aider le véridique.

10. Celui qui cherche à me repousser de ce lieu-ci dans un autre, ô Sage! est un artisan de la création du mensonge, savoir de ceux qui font le mal. Quant à moi, j'invoquerai la vérité avec la bonne création, la vérité t'appartient!

11. Quel est l'ami du très-saint Zarathustra, ô Sage! ou qui

s'entretient avec le vrai? Qui est la sainte Armaïti? ou qui est connu du bon esprit comme un auxiliaire du grand œuvre?

12. Les descendants du partisan des prêtres des Dévas, du dévastateur de la terre, n'honorent pas par-là le très-saint Zarathustra, comme celui par qui le monde a grandi, et vers lequel affluent les richesses de toutes les créatures vivantes, comme de celles qui sont encore à naître.

13. Cette religion du menteur détruit la nature de l'(homme) honnête, dont l'âme aspire réellement à parvenir aux deux ponts du collecteur (congregatoris) et qui s'efforce par ses œuvres d'atteindre les sentiers de la parole de vérité.

14. Il n'existe pas de paroles saintes (effata) pour les productions du champ des prophètes des idoles; mais la terre apporte le salut dans ses œuvres et dans ses paroles à celui qui a déposé la parole de destruction dans la demeure du mensonge.

15. Zarathustra a jadis promis une récompense aux Magava's. Le sage vivant est le premier venu dans le paradis. Vous possédez par le bon esprit et par la vérité ces deux forces avec leurs secours.

16. Kava-Vistâçpa a acquis cette science avec la possession du trésor secret, savoir avec les vers composés par le bon esprit; le sage saint et vivant a inventé cette science à l'aide de la vérité. Puisse cette science nous procurer le salut!

17. Le noble Frashaostra a désiré visiter mon pays élevé, afin d'y répandre la bonne croyance. Que le seigneur, le sage vivant, daigne l'y faire parvenir. Proclamez hautement la recherche de la vérité.

18. Les sages 'Gâmâçpa's ont choisi cette croyance, eux tout brillants des dons de la fortune (fortunæ lumina) et jouissant de la possession du bon esprit. Accorde-moi le même trésor, ô Sage vivant! puisque je m'attache à toi.

19. Possède-t-il aussi cela par la foi — ainsi que le lui attribuent les deux très-saints Maidjô-mâonha — celui qui crée la vie en tous sens? Le sage a proclamé les lois de l'existence, il accomplit le bien (*littér.* le mieux) par ses œuvres.

---

20. Vous tous réunis, daignez nous accorder votre secours, la

vérité par le bon esprit et par la bonne parole, c'est en cela que consiste la piété. A vous soient louange et adoration! Le sage dispense le bonheur.

---

21. Est-ce que le Saint, le Sage vivant lui-même n'a pas créé la vérité resplendissante, la possession avec le bon esprit par les sages paroles, par les actions et par la religion d'Armaiti? Je veux adorer cette sainte (*littér.* bonne) vérité!

---

22. Le Sage vivant sait ce qu'il y a à perpétuité de meilleur pour moi dans l'adoration de ceux (des génies) qui furent et qui sont encore. Je veux les invoquer par leurs noms et m'approcher d'eux avec des chants de louanges.

CINQUIEME RECUEIL.

Gâthâ vahistôisti.

(Yaçna, chap. 53)

17, (53).

Louange à vous, chants véridiques.

1 C'est une chose connue que Zarathustra est en possession du bien suprême; car le Sage vivant lui a donné à toujours et à perpétuité tout ce qu'on peut obtenir, tout ce qui appartient à la bonne vie, ainsi qu'à ceux qui annoncent plus ou moins les paroles de sa bonne religion et qui en accomplissent les œuvres.

2. Puissent Kavâ-Vistâçpa, le compagnon de Zarathustra, et le très-saint Frashaostra, qui frayent les droits sentiers à la foi que le vivant à donnée aux prêtres du feu, vénérer et adorer

religieusement Mazda selon sa pensée (de Zarathustra), avec ses paroles et ses actions !

3. Cette doctrine a été créée par Pouratschista, l'Iletschataspidin, la très-sainte, la plus distinguée des filles de Zarathustra, comme l'image du bon esprit, du vrai et du sage. Consulte-toi avec la sainte intelligence (*ou* raison) dans les régions de la terre, comblées de biens.

4. Je veux professer avec zèle cette croyance (qui est) la vôtre, que le bienheureux a destinée au seigneur pour les agriculteurs, et au maître de maison véridique pour les véridiques, répandant toujours l'éclat et la beauté du bon esprit, que le Sage vivant a accordé en tout temps à la bonne croyance.

---

5. Je crie des paroles (de bénédiction) aux jeunes filles nubiles et je vous dis : Faites attention, faites attention à mes paroles ! Vous possédez par ces maximes la vie du bon esprit. Que l'un de vous accueille l'autre avec un cœur sincère; ce n'est qu'ainsi que le bonheur habitera dans vos demeures.

---

6. Hommes et femmes, regardez et cherchez réellement un secours contre le mensonge ; Yima est celui qui distribue les dons; lui, que j'honore, a autrefois détruit le corps du mensonge. Vaju saisit la source de la lumière et la dirige contre ceux qui répandent les ténèbres; il triomphe par la sagesse de ceux qui attaquent par ces choses la vie spirituelle pour la détruire.

7. Ce trésor secret sera votre récompense, aussi longtemps qu'Azus sera dévoué de tout son cœur à la société, annonçant d'anciennes et de nouvelles (maximes) là même où l'esprit saint supportait autrefois les idolâtres. Vous produisez ce trésor secret ; mais la dernière parole sera pour vous, Vaju !

8. Les malfaiteurs seront par là diminués; qu'ils crient seulement à la production du trésor secret. Qu'il daigne combler Dschemara et l'aimable Khrunera de ces bonnes possessions, d'habitations et de villages. Que le puissant destructeur à la vie-

lence mortelle s'approche de ceux-là et qu'il vienne bientôt!

9. Vesba répand des doctrines funestes au milieu des lois bienfaisantes; le destructeur du corps triomphe par la sagesse sur les créatures qui lui sont hostiles. Où est le véritablement vivant qui puisse les chasser de leur propriété et leur enlever la liberté? O sage! c'est à toi qu'appartient le règne par lequel tu donnes le bien le plus précieux à la véritable trinité (rectum-habenti das trinitati mellus).

FIN

TABLE DES MATIÈRES.

Pages

Préface v

PREMIÈRE PARTIE.

Notions générales

Chapitre I. Les Aryas. — Les Aryas-Hindous ou Indiens, les Aryas-Perses ou Iraniens. 3

II. Caractères généraux et distinctifs de la religion des deux branches principales de la famille arienne. . . . 10

DEUXIÈME PARTIE.

Preuves de l'identité originaire des deux religions indienne et iranienne.

Chapitre I. Méthode que nous suivrons dans nos recherches. . . 23

II. Hiérarchie céleste. — Divers ordres de dieux. — Nombre des divinités. 24

III. Le dieu céleste par excellence ou dieu suprême. . . . 31

IV. Les divinités célestes du second ordre 45

	Pages
V. Divinités terrestres.	52
§ 1er. La Terre.	ib.
§ 2. L'Eau.	61
§ 3. Les objets terrestres.	65
VI. Divinités intermédiaires ou médiatrices.	67
§ 1er Le Feu.	ib.
§ 2. Le Sacrifice.	74
§ 3. Les Rites ou époques consacrées.	82
§ 4. La Parole.	88
VII. La Morale.	92

TROISIÈME PARTIE.

Traits principaux de l'antique religion commune aux Indiens et aux Iraniens.

Chapitre I. La religion védique ou adoration des Dévas, n'était pas la religion primitive des Ariens ou Aryas.	105
II. La diversité des conceptions religieuses correspondait chez les tribus ariennes à la diversité des mœurs et du genre de vie.	112
III. De la notion de la divinité chez les Aryas, avant l'établissement du védisme et du zoroastrisme.	121
IV. Première forme de la religion des Aryas.	129
V. Le Dieu suprême des anciens Aryas.	137
VI. Les dieux secondaires.	141
VII. De l'une des formes les plus anciennes de la religion des Aryas.	147
VIII. Des diverses notions religieuses secondaires propres au culte primitif des Aryas.	156

QUATRIÈME PARTIE

Lois du développement religieux des deux familles.

	Pages.
CHAPITRE I. Des facultés religieuses de l'humanité.	163
II. Origine du védisme et du mazdéisme, représentant, le premier, la tendance naturaliste, le second la tendance spiritualiste.	167
III. Développement, dans les deux cultes, des formes religieuses nécessaires.	171
IV. Lois qui ont présidé de part et d'autre aux transformations des vieilles fables.	179
V. Tendance à l'absolu.	182
VI. Développement social parallèle au développement religieux.	187
CONCLUSION.	190
APPENDICE	193

FIN DE LA TABLE DES MATIÈRES

www.ingramcontent.com/pod-product-compliance
Lightning Source LLC
Chambersburg PA
CBHW060119170426
43198CB00010B/959